水利工程管理发展战略

李京文　等著

方志出版社
Publishing House of Local Records

图书在版编目（CIP）数据

水利工程管理发展战略 / 李京文等著. -- 北京：方志出版社，2016.12

ISBN 978-7-5144-2281-8

Ⅰ.①水… Ⅱ.①李… Ⅲ.①水利工程管理—发展战略—研究 Ⅳ.①F407.9

中国版本图书馆 CIP 数据核字（2016）第 321090 号

水利工程管理发展战略

著　　者： 李京文　等
责任编辑： 黄　彦

出 版 人： 冀祥德
出 版 者： 方志出版社
地址　北京市朝阳区潘家园东里 9 号（国家方志馆 4 层）
邮编　100021
网址　http://www.fzph.org
发　　行： 方志出版社发行中心
电话　（010）67110500
经　　销： 各地新华书店
排　　版： 北京纺印图文设计制作有限公司
印　　刷： 廊坊市晶艺印务有限公司

开　　本： 889×1194　1/32
印　　张： 4.375
字　　数： 135 千字
版　　次： 2016 年 12 月第 1 版　2016 年 12 月第 1 次印刷

ISBN 978-7-5144-2281-8　　**定价：** 48.00 元

前 言

本书是由我主持的中国工程院工程管理学部重点项目“水利工程管理发展战略研究”的成果，由项目组全体成员分头著述后由我总纂。

水是生命之源，水是生活之需、生产之本、生态之基。水利工程是国民经济和社会发展的重要基础设施和保障条件，提出和落实水利工程管理发展战略是全面建成小康社会和贯彻习近平总书记“节水优先、空间均衡、系统治理、两手发力”新时期水利工作方针的必然要求。为此，我与陆佑楣院士、杨善林院士于2015年5月共同提出立项申请，并获中国工程院批准。

2015年6月，我和有关领导商定后组织中国社会科学院数量经济与技术经济研究所、水利部发展研究中心、北京工业大学等经管学院单位的研究人员组成项目组着手进行研究，首先召开了开题报告会，进一步明确了研究的目标和内容。

经过一年多的时间的深入探讨和研究，包括广泛阅读分析国内外参考文献，到黑龙江、宁夏、湖北、四川、广东等省区实地调查研究，先后召开数十次研讨会、咨询会，征求有关部门和专家的建设性意见，终于在2016年9月完成了项目研究任务，并通过了专家组的评审验收。在此，我对水利部、国家发展改革委、中国社科院、中国工程院、环保部、工信部、教育部的领导和专家学者再次表示衷心的感谢。

本书共分六章。第一章水利工程管理的基本概念，阐述了工程，水利工程和水利工程管理的概念、内容和目标等基本概念，作为研究的基础；第二章我国水利工程管理概况，回顾和分析了我国水利工程建设及其管理的发展历程，探究了我国水利工程管理现状及存在的问题，梳理我国水利工程管理的相关政策；第三章国外典型水利工程的经验借鉴，总结和归纳了美国、日本、澳大利亚等发达国家及印度水利工程管理的主要做法和经验，并提出了对我国的启示借鉴；第四章，我国水利工程管理的地位和作用，进一步明确了我国水利工程管理在国民经济和社会发展中的重要地位，深入分析研究了我国水利工程管理对国民经济发展、社会发展、生态文明发展、工程技术发展的不可或缺的推动作用；第五章我国水利工程管理发展战略，提出了我国水利工程管理科学发展、精细化发展、可持续绿色发展、协调发展的指导思想、基本原则、战略框架、顶层设计、目标和任务；第六章我国水利工程管理发展战略的保障措施和政策，提出了我国水利工程管理发展战略的支撑条件和保障措施，并对完善我国水利工程管理体系提出了相关政策和建议。

虽然项目组成员认真工作努力钻研，但由于时间紧迫和我们的水平有限，书中错误和疏漏之处在所难免，敬请有关专家学者和广大读者不吝赐教，以利我们改进。

李京文

2016 年 12 月

附：1. 项目组人员名单

2. 专家评审意见

附 1

项目组人员名单

项目组负责人：

李京文院士

项目组总顾问：

陆佑楣院士

项目组执行负责人：

李富强　中国社会科学院数量经济与技术经济研究所党委书记、研究员、博士生导师

项目组顾问：

李　平　中国社会科学院数量经济与技术经济研究所所长、博士、研究员、博士生导师

费志荣　国家发展改革委员会基础司司长、博士、正高工

李仁涵　中国工程院三局局长、正高工

李原圆　水利部水规总院副院长、正高工

闫冠宇　水利部农业司副司长、正高工

项目组成员（按姓氏笔画排列）：

万相昱　于泽华　王　江　王立勇　王喜峰　刘文丽　孙婧芳
杨正东　张　涛　张友国　张景增　何朝辉　孟久儿　周　全
范卓玮　赵立祥　姜　斌　娄　峰　顾伟忠　袁　页　高占军
黄火键　龚飞鸿　蒋金荷　朝建飞　穆献中

评审意见

2016 年 6 月 14 日中国工程院在中国社会科学院召开中国工程院咨询研究项目“水利工程管理发展战略研究”评审会。评审会成立了评审专家组（名单附后）。评审专家听取了项目组的汇报。评审专家经过认真讨论，形成评审意见如下：

一、水利工程管理是我国基础设施建设及其管理的重要组成部分，项目研究对于促进我国水利工程管理的完善和发展具有重要理论意义和实践价值。

二、该项目研究分析了我国水利工程管理存在的问题及其原因，探讨了水利工程管理的重要地位及其对社会、经济、生态发展的作用，提出了新时期水利工程管理发展战略。研究内容全面，结构合理，层次清楚，资料丰富，政策建议针对性强，可为有关部门提供决策参考。

三、该项目研究在水利工程管理存在问题及其体制机制原因分析，以及水利工程管理促进社会经济发展的作用机理、水利工程管理发展战略和管理体系设计等方面有一定的创新性。

建议根据专家意见，对报告进一步修改完善。评审专家一致同意该咨询研究项目通过评审。

评审专家组组长：

2016 年 6 月

评审专家组

	专家姓名	单位	职务职称	专家签字
组长	李原园	水利部水规总院	副院长、研究员	李原园
组员	吴文庆	水利部财务司	司长、研究眼	吴文庆
	李仁涵	中国工程院三局	局长、教高	李仁涵
	张志宏	科技部火炬中心	主任、教高	张志宏
	闫冠宇	水利部农水司	副司长、教高	闫冠宇
	李志军	国务院发展研究中心《管理世界》	总编辑、研究员	李志军

目　录

绪　论

水是生命之源泉，也是生活、生产和生态之源，水利工程是我国的重要基础设施，涉及工农业生产、居民生活和生态环境，关系经济安全、粮食安全、居民财产和人身安全、社会稳定、国家安全，对国民经济和社会发展有重要支撑作用。但不可否认，我国长期以来对水利设施“重建设轻管理”的思想在各级政府不同程度地存在，对水利和水利工程管理缺乏应有的重视。2011 年中央 1 号文件和中央水利会议重新把水利提到关系国家安全的高度，作出了加快水利改革和发展的决定，中国共产党的十八大及十八届三中、四中、六中全会进一步提出的深化改革领域中，包括了水资源在内的自然资源管理体制，凸显了水利工程管理的重要性。“向管理要水，向科技要水”是水利改革的方向。

在我国建设生态文明的进程中，水利工程管理起着重要的作用，实现生态友好型水利工程是水利工程管理的目标。随着我国建设全面小康社会战略目标的提出，为全社会提供安全健康的生产、生活、生态用水是一项重要任务，水利工程管理如何适应经济社会发展的新要求是一个新课题，从工程初始的立项设计直至后期的管理都要遵守可持续、低碳发展理念，适时制定、调整水利工程管理政策是非常必要的。近十几年来我国水利工程投资建设不断增大，大江大河治理和开发步伐明显加快，三峡、治黄、治淮、治太等一大批重点水利工程相继开工建设，掀起了水利工程建设的新高潮。在流域的上下游形成了规模大小不等的水利工程群，如何科学有效地管理这些不同功能、规模的水利工程设施又是各级管理部门面临的新问题。

我国地势和地理环境的固有特征决定了我国水资源总量不足，空间分布不均，南多北少，与人口、耕地、经济的分布不相匹配，即南方水多而耕地少，北方水少而耕地多。目前我国淡水资源总量约28000亿立方米，占全球水资源的6%，名列世界第四位。按照2014年我国总人口核算，我国的人均水资源量只有2047立方米，仅为世界水资源人均值的1/4，是全球人均水资源最贫乏的国家之一。由于我国人口总量处于不断增长中，以及大量高耗水工业和农业也在快速发展，它们用水需求不断增多。所以，我国又是世界上用水量最多的国家。如2012年，全国淡水取水量达到6142亿立方米，其中农业用水量占63.2%，年人均生活用水量大约只有54立方米；从供水来源看，地下水占了18.5%，达到1134亿立方米，而地下水的过度开采会引起一系列生态环境问题。

从水资源空间分布分析，松花江、辽河、海河、黄河、淮河、西北诸河6个水资源一级区（简称北方6区）占19%，长江（含太湖）、东南诸河、珠江、西南诸河4个水资源一级区（简称南方4区）占81%。根据2012年统计资料，北方6区人口占全国总人口的41.9%，耕地占全国的65.3%，GDP占全国的42.9%；南方4区人口占全国的58.1%，耕地占全国的34.7%，GDP占全国的57.1%。北方6区人均水资源占有量约为994立方米，仅为南方4区人均占有量的1/3。因而，以人为本、协调、可持续的利用水资源，解决由于人口增加和经济社会发展出现的水安全问题（包括洪涝旱灾、缺水、水土流失和水污染等），使有限的水资源为经济社会的可持续发展提供久远的支撑，就成为每届政府的首要任务。水和谐治理意味着既要满足用水需求，也要遵从天人合一的传统理念，在水利工程建设和管理中达到生态和资源的协调利用。

水利具有很强的公益性、基础性和战略性。水利工程管理是水利工程的生命线，是水利工程质量保障、安全、功能发挥的基础。加强水利工程管理、充分发挥水利工程效益无疑具有重要的现实意义，而且对水利事业长远发展，对促进水资源的可持续利用，对保障经济社会的可持续发展具有深远的历史意义。

第1章　水利工程管理的基本概念

1.1　工　程

1.1.1　工程的定义

工程是应用科学、经济、社会和实践知识，以创造、设计、建造、维护、研究、完善结构、机器、设备、系统、材料和工艺。术语“工程”（engineering）是从拉丁语“ingenium”和“ingeniare”派生而来的，前者意指“聪明”，后者指“图谋、制定”。工程也就是科学和数学的某种应用，通过这一应用，使自然界的物质和资源的特性能够通过各种结构、机器、产品、系统和过程，以最短的时间和精而少的人力作出高效、可靠且对人类有用的东西。工程初始含义是有关兵器制造、具有军事目的的各项应用（如成立于19世纪美国著名的工程机构“美国陆军工程兵团”，USACE，U. S. Army Corps of Engineers），后来随着社会进步扩展到许多领域，如建筑屋宇、制造机器、架桥修路等。

1.1.2　工程的内涵和外延

从工程的定义可知，工程的内涵包括两个方面：各种知识的应用和材料、人力等某种组合以达到一定功效的过程。因而，工程活动具有“狭义”和“广义”之分。狭义工程指将某个（或某些）现有实体（自然的或人造的）转化为具有预期使用价值的人造产品过程；就广义而言，工程则定义为由一群人为达到某种目的，在一个较长时间周期内进行协作活动的过程。工程学即指将自然科学的理论应用到具体工农业生产部门中形成的各学科的总称。根据工程特征，传统工程可分为四类：化学工程、土木工程（水利工程是其一个分支）、电气工程、机械工程。随着科学技术的发展和新领域的出现，产生了新的工程分支，如人类工程、地球系统工程等。实际建设工程是以上这些工程的综合。

1.2 水利工程

1.2.1 水利工程的含义

水利工程是用于控制和调配自然界的地表水和地下水，达到除害兴利目的而修建的工程，也称为水工程，包括防洪、排涝、灌溉、水力发电、引（供）水、滩涂治理、水土保持、水资源保护等各类工程。水是人类生产和生活必不可少的宝贵资源，但其自然存在的状态并不完全符合人类的需要。只有修建水利工程，才能控制水流，防止洪涝灾害，并进行水量的调节和分配，以满足人民生活和生产对水资源的需要。水利工程主要服务于防洪、排水、灌溉、发电、水运、水产、工业用水、生活用水和改善环境等方面。

1.2.2 我国水利工程的分类

水利工程的分类可以有两种方式：从投资和功能进行分类。

（1）按照工程功能或服务对象可分为以下六大类：

①防洪工程：防止洪水灾害的防洪工程；

②农业生产水利工程：为农业、渔业服务的水利工程总称，具体包括以下几类：

农田水利工程：防止旱、涝、渍灾，为农业生产服务的农田水利工程（或称灌溉和排水工程）；

渔业水利工程：保护和增进渔业生产的渔业水利工程；

海涂围垦工程：围海造田，满足工农业生产或交通运输需要的海涂围垦工程等。

③水力发电工程：将水能转化为电能的水力发电工程；

④航道和港口工程：改善和创建航运条件的航道和港口工程；

⑤供（排）水工程：为工业和生活用水服务，并处理和排除污水和雨水的城镇供水和排水工程；

⑥环境水利工程：防止水土流失和水质污染，维护生态平衡的水土保持工程和环境水利工程。

一项水利工程同时为防洪、灌溉、发电、航运等多种目标服务的，称为综合利用水利工程。

（2）按照水利工程投资主体的不同性质，水利工程可以区分这样几种不同的情况：

①中央政府投资的水利工程。这种投资也称国有工程项目。这样的水利工程一般都是跨地区、跨流域，建设周期长、投资数额巨大的水利工程。对社会和群众的影响范围广大而深远，在国民经济的投资中占有一定比重，其产生的社会效益和经济效益也非常明显。如黄河小浪底水利枢纽工程、长江三峡水利枢纽工程、南水北调工程等。

②地方政府投资兴建的水利工程。有一些水利工程属地方政府投资的，也属国有性质，仅限于小流域、小范围的中型水利工程，但其作用并不小，在当地发挥的作用相当大，不可忽视。也有一部分是国家投资兴建的，之后又交给地方管理的项目，这也属于地方管辖的水利工程。如陆浑水库、尖岗水库等。

③集体兴建的水利工程。这还是计划经济时期大集体兴建的项目，由于农村经济体制改革，又加上长年疏于管理，这些工程有的已经废弃，有的处于半废状态，只有一小部分还在发挥着作用。其实大大小小、星罗棋布的小型水利设施，仍在防洪抗旱方面发挥着不小的作用。例如以前修的引黄干渠，农闲季节开挖的排水小河、水沟等。

④个体兴建的水利工程。这是在改革开放之后，特别是在 20 世纪 90 年代之后才出现的。这种工程虽然不大，但一经出现便表现出很强的生命力，既有防洪、灌溉功能，又有恢复生态的功能，还有旅游观光的功能，工程项目管理得也好，这正是我们局部地区应当提倡和兴建的水利工程。但是，政府在这方面要加强宏观调控，防止盲目重复上马。

1.2.3 我国水利工程的特征

水利工程原是土木工程的一个分支，但随着水利工程本身的发展，逐渐具有自己的特点，以及在国民经济中的地位日益重要，并已成为一门相对独立的技术学科，具有以下几大特征。

（1）规模大，工程复杂

水利工程一般规模大，工程复杂，工期较长。工作中涉及天文地理等自然知识的积累和实施，其中又涉及各种水的推力、渗透力等专业知识与各地区的人文风情和传统。水利工程的建设时间很长，需要几年甚至更长的时间准备和筹划，人力物力的消耗也大。例如丹江口水利枢纽工程、三峡工程等。

（2）综合性强，影响大

水利工程的建设会给当地居民带来很多好处，消除自然灾害。可是由于兴建会导致人与动物的迁徙，有一定的生态破坏，同时也要与其他各项水利有机组合，符合国民经济的政策。为了使损失和影响面缩小，就需要在工程规划设计阶段系统性、综合性地进行分析研究，从全局出发，统筹兼顾，达到经济和社会环境的最佳组合。

（3）效益具有随机性

每年的水文状况或其他外部条件的改变会导致整体的经济效益的变化。农田水利工程还与气象条件的变化有密切联系。

（4）对生态环境有很大影响

水利工程不仅对所在地区的经济和社会产生影响，而且对江河、湖泊以及附近地区的自然面貌、生态环境、自然景观都将产生不同程度的影响。甚至会改变当地的气候和动物的生存环境。这种影响有利有弊。

从正面影响来说，主要是有利于改善当地水文生态环境，修建水库可以将原来的陆地变为水体，增大水面面积，增加蒸发量，缓解局部地区在温度和湿度上的剧烈变化，在干旱和严寒地区尤为适用；可以调节流域局部小气候，主要表现在降雨、气温、风等方面。由于水利工程会改变水文和径流状态，因此会影响水质、水温和泥沙条件，从而改变地下水补给，提高地下水位，影响土地利用。

从负面影响来说，由于工程对自然环境进行改造，势必会产生一定的负面影响。以水库为例，兴建水库会直接改变水循环和径流情况。从国内外水库运行经验来看，蓄水后的消落区可能出现滞流缓流，从而形成岸边污染带；水库水位降落侵蚀，会导致水土流失严重，加剧地质灾害发生；周围生物链改变、物种变异，影响生态系统稳定。

任何事情都有利有弊，关键在于如何最大限度地削弱负面影响，随着技术的进步，水利工程的作用，不仅要满足日益增长的人民生活和工农业生产发展对水资源的需要，而且要更多地为保护和改善环境服务。

1.2.4　我国水利工程规模、质量、效益等基本情况

经过几十年的投资建设，我国兴建了许多大大小小的水利工程，小到农村的蓄水库，大到三峡大坝、南水北调等大型水利工程，形成47万多个水利工程管理单位，并且形成的固定资产达到了数千亿元，集排涝、发电、灌溉、供水、防洪、养殖、旅游、水运等功能，为国民经济发展和居民生活改善发挥了基础性的决定作用。从工程具体功能来说，我国可分为九大水利工程，即水库、水电站、水闸、堤防、泵站、灌溉排水泄系、取水井、农村供水、塘坝与窖池。分析这些水利工程的数量、分布、规模等对水利工程管理政策和发展战略形成是非常必要的。

（1）水　库

水库是指在河道、山谷或低洼地带修建挡水坝或堤堰形成的具有拦洪蓄水和调节水流功能的水利工程。作为水资源开发利用最为重要的水利工程，水库对地表水资源的调控作用是其他工程不可替代的。大中型水库主要集中在大江大河上，对大江大河水资源的开发利用起着极为重要的调控作用。小型水库主要分布在中小河流上，数量众多，分布较广，对中小河流水资源开发利用起着重要作用。

据普查统计，全国共有库容10万立方米及以上的水库大约9.8万座，其中，大型水库数、总库容分别占全国水库总量和总库容的0.77%、80%。其余均为中、小型水库。全国大多数水库以防洪、发电、灌溉和供水为主要功能，占全国水库总数量的98.3%。从水库规模看，以灌溉为主的水库，多为小型水库，水库数量较多，但库容较小；以发电和防洪为主的水库多为大型水库，其水库的总库容较大，但数量较少，尤其是以发电为主的水库数量仅占全国水库总数量的5.0%。从水库的调节能力来看，除辽河区、海河区和黄河区的水库调节能力达到40%以上，其他各区的水库调节能力均不到20%，尤其西南诸河区的水库调节能力仅为5.3%。

从水资源一级区看，南方地区的水库数量和总库容明显高于北方

地区，南方4区水库占全国水库数量和总库容的79.8%和67.4%；北方6区水库占全国水库数量和总库容的20.2%和32.6%。南方地区大型水库的数量也明显多于北方地区，是北方地区大型水库数量的1.73倍。从省级行政区看，水库主要分布在中南地区和华东地区的湖南、江西、广东、四川、湖北、山东和云南7省，占全国水库总数量的61.7%。

（2）水电站

总体上我国水力资源的开发程度较高，技术可开发量已达到50%以上，其中大部分在70%以上。水电站再开发的整体潜力不大，但部分河流仍具备开发大中型水电站的条件，如长江干流和雅砻江等。

据统计，全国共有水电站4.67万座，装机容量3.3亿千瓦，其中，装机容量500千瓦及以上的水电站和装机容量分别占全国水电站总数量和总装机容量的47.5%和98.3%；装机容量小于500千瓦的水电站和装机容量分别占全国水电站总数量和总装机容量的52.5%和1.7%。

从水资源一级区看，北方6区水电站和装机容量分别占全国水电站数量和装机容量的8.6%和15.2%；南方4区水电站和装机容量分别占91.4%和84.8%。南方地区的水电站数量远高于北方地区，其大型水电站的数量也较多，是北方地区大型水电站数量的3.36倍。大型水电站主要分布在长江区、黄河区和珠江区。

长江区和珠江区的区域面积大，河流水系发达，降雨量多且经济发展水平高，其水电站的数量和规模占全国的比重较大；松花江区、辽河区和海河区虽经济相对发达，但降雨较少，区域地形平缓，所建设的水电站数量较少，且规模较小。

从省级行政区看，水电站主要分布在雨量丰沛、河流众多、落差较大、水力资源蕴藏量丰富、宜于水电站开发的广东、四川、福建、湖南和云南5省，分别占全国水电站数量的56%；装机容量较大的是四川、云南和湖北3省，分别占全国水电站装机容量的51.6%。其中四川和云南是我国水能资源的开发基地。

（3）水　闸

水闸是指修建在河道和渠道上利用闸门控制流量和调节水位的低

水头水工建筑物，起到防洪、蓄水和通航等作用。根据工程承担的任务，水闸分为节制闸、分（泄）洪闸、引（进）水闸、排（退）水闸、挡潮闸 5 类。其中，节制闸数量最多，占全国水闸总数的 56.8%；其次是排水闸、引（进）水闸，分别占全国的 17.7% 和 11.3%；最小的是分（泄）洪闸和挡潮闸，分别占全国的 8.2% 和 6%。从水资源空间分布看，引（进）水闸主要分布在长江区和淮河区，节制闸主要分布在长江区和淮河区，排（退）水闸主要分布在长江区和珠江区，分（泄）洪闸主要分布在长江区和珠江区，挡潮闸主要分布在珠江区和东南诸河区。从水闸数量和规模看，小型引（进）水闸数量较多，引水能力较大，大中型引（进）水闸数量较少，引水能力较小。

从水资源一级区看，南北方水闸数量差异较小，南方 4 区略高于北方 6 区。南方 4 区的水闸占全国的 58.5%，其中长江区数量较多，占全国的 39.4%；北方 6 区水闸占全国的 41.5%，其中淮河区数量较多，占全国的 20.9%。从省级行政区看，水闸主要分布在河流水系发达、降雨丰沛的江苏、湖南、浙江、广东和湖北 5 省，共占全国水闸数量的 54.8%。

（4）堤　防

沿河、渠、湖、海岸或行洪区、分洪区、围垦区的边缘修筑的挡水建筑物统称为堤防。这是世界上最早广为采用的一种重要防洪工程。堤防工程的类型较多，可分为河（江）堤、湖堤、海堤和围（圩、圈）堤 4 种类型。据统计，我国堤防总长度为 41.4 万公里，其中 5 级及以上堤防长度占全国堤防总长度的 66.6%，达标率 61.6%；5 级以下的堤防占全国堤防总长度的 33.4%。总体上，堤防级别越高达标率越高。1、2 级堤防多建在大江大河及重要河流上，达标率较高，防洪安全保障程度相对较高；3、4、5 级堤防多建在中小河流上，其达标率较低，抗洪水风险能力较低。其中，河（江）堤数量最多，占全国堤防的 83.2%，达标率 60%；湖堤占全国堤防的 2%，达标率 42.1%；海堤占全国堤防的 3.7%，达标率 68.7%；围（圩、圈）堤占全国堤防的 11%，达标率 74.8%。

从省级行政区看，堤防主要分布在河流湖泊众多、经济相对发达的华东地区和中南地区，包括江苏、山东、广东、安徽、河南、湖北和浙江7省，其长度共占全国的61.3%，达标率60.9%。但由于各地区地理位置和河流分布情况存在差异，不同类型的堤防呈现不同的分布特点，其中，河（江）堤主要分布在江苏、山东、河南、安徽、广东和湖北6省，其总长度占全国河（江）堤的51.2%；湖堤主要分布在湖北、江苏和安徽3省，总长度占全国湖堤的61.7%；海堤主要分布在浙江和广东2省，总长度占全国海堤的51.5%；围（圩、圈）堤主要分布在江苏省的河网地区，总长度占全国围（圩、圈）堤的68.9%。

（5）泵　站

据统计，全国共有泵站42.43万处。其中，装机流量1立方米/秒及以上或装机功率50千瓦及以上的泵站占全国泵站总数的21%，并且绝大多数为小型泵站，占了95.5%，大、中型泵站总共只占4.5%；装机流量1立方米/秒以下且装机功率50千瓦以下的泵站占全国泵站的79%。对于装机流量1立方米/秒及以上或装机功率50千瓦及以上的泵站，根据其用途，又分为供水泵站、排水泵站和供排结合泵站3种类型，所占比例分别为52%、38%、10%。

从水资源一级区看，南方地区各种类型泵站数量均远高于北方地区。南方4区河流水系发达，降雨丰沛，水资源蕴藏量大，泵站数量较多，占全国的61.2%，其中长江区泵站数量最多，占全国的49.6%；北方6区泵站占全国的38.8%，其中淮河区泵站数量最多，占全国的19.5%。大型泵站主要分布在长江区、淮河区和珠江区，南方地区和北方地区的数量相差较小。从省级行政区看，泵站主要分布在江苏、湖北、安徽、湖南和四川5省，总数占全国的54.1%。

（6）灌溉排水工程

①灌溉面积数量及分布。据统计，全国共有灌溉面积10.00亿亩，其中，耕地灌溉面积9.22亿亩，占全国灌溉面积的92.2%；园林草地等非耕地灌溉面积0.78亿亩，占全国灌溉面积的7.8%。按水源工程类型分，有水库灌溉、塘坝灌溉、河湖引水闸（坝、堰）灌溉、河湖泵站灌溉、机电井灌溉等，以及利用多种水源工程灌溉。在各类水源灌溉面积中，以机电井灌溉面积和河湖引水闸（坝、堰）

灌溉面积为主，两类合计为6.33亿亩，其中机电井灌溉面积主要分布在华北、东北地区，河湖引水闸（坝、堰）灌溉面积分布在西北和华东地区。

灌溉面积最多的8个省（自治区），分别为新疆、山东、河南、河北、黑龙江、安徽、江苏、内蒙古，其灌溉面积合计占全国的55.5%。除了新疆，这些省份皆属粮食主产区，大部分地处河流冲积平原，灌溉水源条件好，灌排基础设施比较雄厚，灌溉历史悠久，同时辖区面积较大，其灌溉面积、耕地灌溉面积均较大。新疆灌溉面积达到9000多万亩，位列全国第一。

从水资源一级区分析，耕地面积分布不均衡，水资源时空分布不协调，北方6区灌溉面积占全国的63%；南方4区灌溉面积占全国的37%。其中，长江区的灌溉面积最大，占全国的24.8%；其次是淮河区，占全国的18.1%。西南诸河区的灌溉面积最小，仅占全国灌溉面积的1.8%。不同水源工程灌溉面积中，长江区的水库、塘坝、河湖引水闸、河湖泵站灌溉面积最大，且所占比例相近，约占1/4；西北诸河区以河湖引水闸（坝、堰）灌溉面积为主，海河区、辽河区、松花江区以机电井灌溉面积为主；黄河区以机电井和河湖引水闸（坝、堰）灌溉面积为主；淮河区以机电井和河湖泵站灌溉面积为主；东南诸河区以水库和河湖引水闸（坝、堰）灌溉面积为主；珠江区以水库和河湖引水闸（坝、堰）灌溉面积为主；西南诸河和西北诸河区均以河湖引水闸（坝、堰）灌溉面积为主。

②灌区数量与分布。据统计，全国共有50亩及以上的灌区206.6万处，灌溉面积8.43亿亩，占全国灌溉面积的84.3%。其中，大、中型灌区现状灌溉面积与小型灌区现状灌溉面积基本各占我国灌溉面积的一半。

灌区数量超过10万处的有河南、河北、内蒙古、安徽、山东、黑龙江等省（自治区），6省（自治区）灌区数量之和占全国50亩及以上灌区总数的64.45%。新疆、山东、河南等省区灌溉面积较大，共占全国50亩及以上灌区灌溉面积的26%；上海、北京城镇化水平高，耕地面积少，故两市灌区灌溉面积都少。

③灌区灌排渠系。灌区灌排渠系包括灌溉渠道及建筑物、灌排结

合渠道及建筑物灌区、排水沟及建筑物三类。

灌溉渠道及建筑物。全国2000亩及以上灌区的灌溉渠道82.97万条，总长度114.83万公里，渠系建筑物合计310.79万座。灌区灌溉渠道总长度较长的有新疆、湖南、江苏、湖北、甘肃等省（自治区），其中新疆最长，占全国灌溉渠道总长度的16.5%。灌溉渠系建筑物数量较多的省（自治区）为新疆、甘肃、江苏、湖南、湖北，5省（自治区）合计建筑物数量占全国灌溉渠系建筑物数量的55.3%。

灌排结合渠道及建筑物。沿江、沿湖以及河网地区的一些渠道既承担引水灌溉的任务，又承担排水、排涝的功能，这种既灌溉又排水的渠系称为灌排结合渠道。全国2000亩及以上灌区共有灌排结合渠道45.20万条、总长度51.64万公里、渠系建筑物120.41万座。灌排结合渠道长度较长的主要分布在湖北、湖南、山东、江苏、安徽等省，其中湖北、湖南最长，两省灌排结合渠道总长度占全国的33.7%。上海、宁夏无灌排结合渠道。

灌区排水沟及建筑物。灌区排水沟主要用于农田除涝、排渍、防盐，有时也起到蓄水和滞水作用。排水沟主要分布在江苏、湖南、湖北、山东、安徽等省，5省的排水沟长度占全国排水沟长度的65.6%。其中，江苏省排水沟长度最长，主要是由于省内河网密布、湖泊众多，平原洼地多，降雨过多或过于集中，容易形成涝渍，需及时排除地表水和地下水以控制地下水位。排水沟建筑物数量分布与排水沟长度分布一致，主要集中在江苏、湖北、湖南等。

（7）取水井工程

取水井分为机电井和人力井。机电井是指以电动机、柴油机等动力机械带动水泵抽取地下水的水井；人力井是指以人力或畜力提取地下水的水井，如手压井、轱辘井等。其中机电井按不同的规模标准划分为规模以上机电井和规模以下机电井，井口井管内径200毫米及以上的灌溉机电井和日取水量20立方米及以上的供水机电井为规模以上机电井。规模以上机电井占取水井总数的4.6%；规模以下机电井占取水井总数的50.6%；人力井占总数的44.8%。

从取水井的取水用途看，规模以上机电井以灌溉用途为主，规模以下机电井以生活和工业供水为主，人力井主要用于生活供水。全国灌溉井占地下水取水井总数的8.7%；生活及工业用途供水井占地下水取水井总数的91.3%。从所取用的地下水类型看，浅层地下水取水井占地下水取水井总数的99.7%；深层承压水取水井占地下水取水井总数的0.3%，全部为规模以上机电井。

从水资源分区看，全国地下水取水井数量呈现北方多、南方少的特点，尤其是规模以上机电井，北多南少的特征更为明显。从取水井总数而言，南北方差异不大，北方略多于南方。北方6区地下水取水井数量占地下水取水井总数的55.5%；南方4区取水井数量占总数的44.5%。规模以上机电井主要集中在北方，尤其集中在黄淮海地区。其中，北方6区规模以上机电井占全国总数的96.2%；南方4区占全国总数的3.8%。北方规模以下机电井略多于南方，南北方人力井数量基本相当。北方6区人力井数量占全国人力井总数的49%；南方4区占全国人力井总数的51%。

从行政分区看，全国各省级行政区地下水取水井数量差异较大，规模以上机电井数量差异更为明显。其中，地下水取水井数量较多的河南、安徽、山东、四川4省合计占全国取水井总数的42.4%，均为人口大省；规模以上机电井主要集中在黄淮海地区的河南、河北、山东3省，合计占全国规模以上机电井总数的63.7%。规模以下机电井和人力井分布情况与取水井数量分布类似，主要分布在河南、四川等人口大省。

（8）农村供水工程

农村供水工程分集中式供水工程和分散式供水工程两大类。集中式供水工程指集中供水人口20人及以上，且有输配水管网的农村供水工程；分散式供水工程为除集中式供水工程以外、无配水管网、以单户或联户为单元的供水工程。据统计，全国共有农村供水工程5887万处、受益人口8.09亿人。其中，集中式供水工程数占全国供水工程总数的1.56%，但受益人口数占全国受益人口总数的67.5%。可见集中式供水工程的规模效益是很明显的。

从省级行政区看，农村供水工程数量较多的省份为河南、四川、安徽和湖南4省，合计占全国农村供水工程总数的45.4%。这主要是由于这4省的分散式供水工程的数量较大。农村供水工程数量较少的为上海、北京和天津市，3市的农村人口少，供水多被规模化的集中式供水所覆盖，分散式供水工程数量少。农村供水工程受益人口较多的为山东、河南、四川、广东、河北、江苏、安徽、湖南和广西9省（自治区），9省（自治区）受益人口之和占全国农村供水工程受益人口总数的56.7%。受益人口较少的为上海、西藏、青海和宁夏4省（自治区、直辖市）。

集中式供水工程按水源类型分为地表水和地下水两大类。其中以地表水和地下水为水源的工程和受益人口的构成比例，两者均接近50%。分散式供水工程分为分散供水井工程、引泉供水工程、雨水集蓄供水工程3类，其中，绝大部分为分散供水井工程，占工程总数的92.1%。农村分散式供水工程较多的为河南、四川、安徽和湖南4省，上海无分散式供水工程。

（9）塘坝与窖池

塘坝与窖池是为了解决农村缺水地区而修建的蓄水工程。塘坝工程是指在地面开挖修建或在洼地上形成的拦截和贮存当地地表径流，用于农业灌溉、农村供水的蓄水工程。窖池工程是指采取防渗措施拦蓄、收集天然来水，用于农业灌溉、农村供水的蓄水工程。

根据普查资料，全国共有塘坝工程456.3万处，总容积为301亿立方米。从省级行政区看，塘坝数量最多的省份为湖南、湖北、安徽、四川、江西等，工程数量合计占全国塘坝工程总数量的82.15%。这5个省均位于长江流域，多年平均降雨量在800毫米以上，山地、丘陵分布较广，具备较好的地表径流汇集条件，农作物以种植水稻为主，因此塘坝工程数量较多，分布规律是合理的。

全国共有窖池工程689.3万处，总容积为2.5亿立方米。从省级行政区分布看，窖池工程数量最多的省是云南、甘肃、四川、贵州、陕西5省，窖池工程数量之和占全国窖池工程总数的70.9%。这主要由于这些省的山丘区较多，干旱少雨，长期缺水，地形复杂难以修建一定规模的蓄引提灌溉工程，但适宜修建以农户自提、自管为主的微型蓄水工程，以解决当地抗旱水源和人畜饮水困难。

1.3 水利工程管理

1.3.1 水利工程管理的概念

从专业角度看，水利工程管理分为狭义水利工程管理和广义水利工程管理。狭义的水利工程管理是指对已建成的水利工程进行检查观测、养护修理和调度运用，保障工程正常运行并发挥设计效益的工作。广义的水利工程管理是指除以上技术管理工作外，还包括水利工程行政管理、经济管理和法治管理等方面，例如水利事权的划分。显然，我们更关注广义水利工程管理，即在深入区别各种水利工程的性质和具体作用的基础上，尽最大可能趋利避害，充分发挥水利工程的社会效益、经济效益和生态效益，加强对水利工程的引导和管理。只有通过科学管理，才能发挥水利工程最佳的综合效益；保护和合理运用已建成的水利工程设施，调节水资源，为社会经济发展和人民生活服务。

1.3.2　工程技术视角下我国水利工程管理的主要内容

从利用和保障水利工程的功能出发，我国水利工程管理工作的主要内容包括：水利工程的使用，水利工程的养护工作，水利工程的检测工作，水利工程的防汛抢险工作，水利工程扩建和改建工作。

（1）水利工程的使用

水利工程与河川径流有着密切的关系，其变化同河川径流一样是随机的，具有多变性和复杂性，但径流在一定范围内有一定的变化规律，要根据其变化规律，对工程进行合理运用，确保工程的安全和发挥最大效益。工程的合理运用主要是制定合理的工程防汛调度计划和工程管理运行方案等。

（2）水利工程的养护工作

由于各种主观原因和客观条件的限制，水利工程建筑物在规划、设计和施工过程中难免会存在薄弱环节，使其在运用过程中，出现这样或那样的缺陷和问题。特别是水利工程长期处在水下工作，自然条件的变化和管理运用不当，将会使工程发生意外的变化。所以，要对工程进行长期的监护，发现问题及时维修，消除隐患，保持工程的完好状态和安全运行，以发挥其应有的作用。

（3）水利工程的检测工作

水利工程的检测工作也是水利工程的重要工作内容。要做到定期对水利工程进行检查，在检查中发现问题，要及时进行分析，找出问题的根源，尽快进行整改，以此来提高工程的运用条件，从而不断提高科学技术管理水平。

（4）水利工程的防汛抢险工作

防汛抢险是水利工程的一项重点工作。特别是对于那些大口型的病险工程，要注意日常的维护，以避免危情的发生。同时，防汛抢险工作要立足于大洪水，提前做好防护工作，确保水利工程的安全。

（5）水利工程扩建和改建工作

对于原有水工建筑物不能满足新技术、新设备、新的管理水平的要求时，在运用过程中发现建筑物有重大缺陷需要消除时，应对原有建筑物进行改建和扩建，从而提高工程的基础能力，满足工程的运行管理的发展和需求。

基于我国水利工程的特点及分类，我国水利工程管理也成立了相应的机构、制定了相应的管理规则。从流域来说，成立了七大流域管理局，负责相应流域水行政管理职责，包括长江水利委员会、黄河水利委员会、淮河水利委员会、海河水利委员会、松辽水利委员会、珠江水利委员会、太湖流域管理局。对于特大型水利工程成立专门管理机构，如三峡工程建设委员会、小浪底水利枢纽管理中心、南水北调办公室等，以及针对各种水利设施的管理，如农村农田水利灌溉管理、水库大坝安全管理等。

1.3.3 科学管理视角下我国水利工程管理的主要内容

从科学管理的视角出发，我国水利工程管理的主要内容是指水利事权的划分。水利事权即处理水利事务的职权和责任。我国水旱灾害频发，兴水利、除水害，历来是安邦治国的重大任务。合理划分各级政府的水利事权是我国全面深化水利改革的重要内容和有效制度保障。历史上水利工程事权、财权划分格局主要表现为两个特征：一是政府组织建设与管理关系国计民生的重要公益性水利工程，例如防洪工程；二是政府与受益群众分担投入具有服务性质的一些工程，例如农田水利工程。新中国成立后，由于水利部门职能的转变，水利事权也在不断发生着变化，大致分为以下四个阶段：

第一阶段（1949 年—1996 年），中央、地方分级负责，中央主要负责兴建重大水利工程以治理大江大河，其他水利工程建设与管理主要以地方与群众集体的力量为主，国家支援为辅。

第二阶段（1997 年—2002 年），根据 1997 年国务院印发的《水利产业政策》（国发〔1997〕35 号），水利工程项目按事权被划分为中央项目和地方项目；按效益被区分为甲类（以社会效益为主）和乙类（以经济效益为主），或者说公益性项目与经营性项目。国家主要负责跨省（自治区、直辖市）、对国民经济全局有重大影响的项目，局部受益的地方项目由地方负责。具体的，中央项目的投资由中央和受益省（自治区、直辖市）按受益程度、受益范围、经济实力共同分担，其中重点水土流失区的治理主要由地方负责，中央适当给予补助。

第三阶段（2002 年—2011 年），根据 2002 年国务院转发的《水利工程管理体制改革实施意见》（国办发〔2002〕45 号），水利基本建设项目被区分为公益性、准公益性和经营性三类；中央项目在第二阶段的基础上扩大到对国民经济全局、社会稳定和生态与环境有重大影响的项目，或中央认为负有直接建设责任的项目，从而解决了准公益性项目的管理问题。

第四阶段（2011 年至今），根据 2011 年中央 1 号文件《关于加快水利改革发展的决定》，以及 2014 年水利部印发的《关于深化水利改革的指导意见》，水利事权划分进入全面深化改革阶段。中央事权被进一步明确为“国家水安全战略和重大水利规划、政策、标准制订，跨流域、跨国界河流湖泊以及事关流域全局的水利建设、水资源管理、河湖管理等涉水活动管理”；地方事权具体为“区域水利建设项目、水利社会管理和公共服务”以及“由地方管理更方便有效的水利事项”。中央和地方共同事权被确定为“跨区域重大水利项目建设维护等”；同时，企业和社会组织的事权也得以明确，即“对适合市场、社会组织承担的水利公共服务，要引入竞争机制，通过合同、委托等方式交给市场和社会组织承担”。

1.3.4 我国水利工程管理的目标

水利工程管理的目标是确保项目质量安全，延长工程使用寿命，保证设施正常运转，做好工程使用全程维护，充分发挥工程和水资源的综合效益，逐步实现工程管理科学化、规范化，为国民经济建设提供更好的服务。

（1）确保项目的质量安全

因水利工程涉及防洪、抗旱、治涝、发电、调水、农业灌溉、居民用水、水产经济、水运、工业用水、环境保护等重要内容，一旦出现工程质量问题，所有与水利相关的生活生产活动都将受到阻碍，沿区上游和下游都将受到威胁。因此工程的质量安全不仅关系着一方经济的发展，更承担着人民身体健康与安全。

（2）延长工程的使用寿命

由于水利工程消耗资金较多，施工规模较大，影响范围较广，所以一项工程的运转就是百年大计。因此水利工程管理要贯穿项目的始末，从图纸设计到施工内容、竣工验收、工程使用等各个方面在科学合理的范围内对如何延长使用寿命进行管理，以减少资源的浪费，充分发挥最大效益。

（3）保证设施的正常运转

水利工程管理具有综合性、系统性特征，因此水利工程项目的正常运转需要各个环节的控制、调节与搭配，正确操作器械和设备，协调多样功能的发挥，提高工作效率、加强经营管理，提高经济效益，减少事故发生，确保各项事业不受影响。

（4）做好工程使用的全程维护

对于综合性的大型项目或大型组合式机械设备来说，都需要定期进行保养与维护。由于设备某一部分或单一零件出现问题，都会对工程的使用和寿命造成影响，因此水利工程管理工作还要对出现的问题在使用的整个过程中进行维护，更新零部件，及时发现隐患，促进工程的正常使用。

（5）最大限度发挥水利工程的综合效益

除了从工程方面保障水利工程的正常运行和安全外，水利工程管理还应当通过不断深化改革，最大限度地发挥水利工程的综合效益。正如2014年水利部印发的《关于深化水利改革的指导意见》所提出的，我国必须“坚持社会主义市场经济改革方向，充分考虑水利公益性、基础性、战略性特点，构建有利于增强水利保障能力、提升水利社会管理水平、加快水生态文明建设的科学完善的水利制度体系”。

第 2 章 我国水利工程管理概况

2.1 我国水利工程建设发展历程

我国水资源开发利用历史悠久。从上古时代起，我国劳动人民就致力于水旱灾害的防御，几千年来，建设了大运河、都江堰等一批著名的水资源利用工程，在抵御水旱灾害方面发挥了一定作用。但是到了 19 世纪，由于帝国主义列强入侵以及连年战争，近代水利建设处于停滞状态。直到民国 19 年（1930）前后，中国才有一些近代水利工程。但是由于战争不断，已有的水利设施年久失修、破烂不堪。1949 年中华人民共和国成立后，全国人民进行了大规模的水利建设，水资源事业得到迅速发展，防洪除涝、农田灌溉、城乡供水、水土保持、水产养殖、水力发电、航运等都取得了很大成就。伴随着水资源的开发利用，以及对水利工程功能认识的不断深入，我国水利工程建设大致可分为三个不同的发展阶段。

2.1.1 水资源开发利用的单目标阶段

水利工程的主要功能为灌溉、航运、防洪水利工程建设。决策的依据也常限于某一地区或局部的直接利益，很少进行以整条河流或整个流域为目标的开发利用规划。由于在初期阶段中，水资源可利用量远大于社会经济发展对水的需求量，给人们的印象是“水是取之不尽、用之不竭的”。从大禹治水到新中国成立，遗留下来的水利工程寥寥无几，残缺不全。据统计，当时全国江河堤防和沿海海塘总长只有 4.2 万公里，防洪标准很低；全国超过 1 亿立方米容量的大型水库只有 6 座（包括中朝界河上的水丰水电站）。用于防洪的工程设施很少，水电设施更少，水土流失严重，不少土地盐碱化、沙化。

2.1.2 水资源开发利用的综合阶段

水利工程建设实施统一规划、综合利用。水资源的开发和规划目标以及评价方法，大多以区域经济的需求为前提，以工程或方案的技术经济指标最优为依据，但未涉及经济以外的其他方面，如节约用水、水资源保护、生态环境、合理配置等问题。这一阶段可利用水资源量与社会经济发展的各项用水逐步趋于平衡。

这一时期从新中国成立开始，到 20 世纪 70 年代末，我国进行了大规模的水资源开发治理，水资源开发利用程度提高，供水能力增加，农田灌溉面积扩大，为我国经济和社会快速发展提供了保障。据统计，1949 年全国总供水量 1031 亿立方米，其中农业供水 1001 亿立方米，工业和城市供水仅 30 亿立方米，人均用水量 187 立方米；到 1980 年，全国总供水量 3912 亿立方米，农业供水占 88%，工业和城市供水占 12%，人均用水量 450 立方米。在此期间，全国水电装机容量由 1949 年的 16 万千瓦，发展到 2100 万千瓦；内河通航里程由 1949 年的 7.36 万公里发展到 1978 年的 13.6 万公里。

这期间我国的水污染防治工作也开始进行，1973 年全国进行了以工业点源为重点的水污染治理工作，先后在全国建了 4 万多套工业废污水处理装置。以后又进行了以城市为重点的区域环境综合治理，水污染治理范围从分散的工矿企业点源扩展到几十至几百平方公里的区域治理。水污染防治工作取得了一定的成效。

2.1.3 水资源开发利用的可持续协调阶段

水利工程进入全流域和大型工程建设时期，水资源开发利用要求统筹考虑社会、经济、环境等各个方面的因素，使水资源开发、保护和管理有机结合，使水资源与人口、经济、环境协调发展，通过合理开发、区域调配、节约利用、有效保护，实现水资源总供给与总需求的基本平衡。这一阶段从 20 世纪 70 年代末 80 年代初开始，直到现在。随着人口增加和经济发展，水资源紧缺现象日趋严重，并出现愈来愈严重的水环境问题，水的资源意识、水的有限性认识为大家所接受。重点兴建了一批防洪、供水、发电等骨干工程，开展了全民节水工作，使一些城市水资源供需矛盾有所缓解。

在此期间，中国的水污染防治工作得到相应的发展，以流域为单元进行流域的综合防治，贯彻“节污水之流、开清水之源”的污染治理原则。在管理上采取流域与区域相结合，协调治水，共同治污。同时充分利用水利工程设施，合理调度，提高水体的自净能力。从 1976 年起逐步成立了以流域为单元的流域水资源保护机构，并制定了流域水污染防治条例和有关的法规。根据河流、湖泊、水库的不同功能要求和水质标准，制定流域水资源保护规划，并组织实施。同时积极发展生态农业，防治水土流失，控制面源污染，改善生态环境。

2.2　我国水利工程管理发展历程

2.2.1　改革开放前的计划经济管理

新中国成立之初，农业生产的迫切任务是尽快修复、兴建水利工程。1949 年 11 月，新中国第一次全国水利工作会议在北京召开。会议提出了“防止水患，兴修水利”的水利建设方针，并要求依照国家经济建设计划和人民的需要，根据不同的情况和人力、物力、财力、技术条件，分清轻重缓急，有计划、有步骤地恢复发展防洪、灌溉、排水等水利事业。1950 年，中央颁布《中华人民共和国土地改革法》，全国进行土地改革，广大群众积极参加到水利建设管理中。1955 年 10 月，中共中央作出《关于农业合作化问题的决议》，农业合作化运动得到迅速发展。农业合作化的组织形式，不仅激发了群众生产的积极性，也显示了将农民组织起来进行大规模水利建设的优越性。随后，《1956 年到 1967 年全国农业发展纲要》明确指出，从 1956 年起，在 12 年内，基本消灭水灾和旱灾。1962 年 11 月，农业部在全国农业会议上提出“小型为主，配套为主，群众为主”的冬修水利方针。1965 年 8 月，水电部召开的全国水利工作会议进一步提出“大寨精神，小型为主，全面配套，狠抓管理，更好地为农业增产服务”的水利方针。20 世纪 70 年代，各地大兴农业学大寨运动，将水利建设与农田整治结合起来，再次掀起水利建设高潮。

此时期在水利建设上，一方面，党和政府不仅在思想上高度重视水利建设，而且在资金上给予大力支持；同时，人民公社政社合一的集权模式和以生产队为基础的集体经济提供了动员广大农民所必需的政治、经济和文化资源。另一方面，国家全方位介入水利管理，将水利事业置于国家的日常管理之中；同时，水利建设与农业灌溉组织相结合，形成了水利工程专管与群管相结合、大中小型水利设施相配套的水利建设与管理体制，这不仅有力地促进了水利工程的兴修，也使建成的水利工程得到良好的维护，从而保证了水利工程的系统性和有效性。

改革开放前主要依靠政治动员和行政手段，依靠农民投工投劳，强调“发动与组织群众力量、大量举办”。到 1980 年，我国农田有效灌溉面积即从新中国成立初期的 2.4 亿亩发展到 7.33 亿亩，年均净增 1600 万亩。这段时期，我国水利工程在规划阶段遍地开花，在建设上依靠农民投工投劳，工程管理主体从国家到地方政府，再到生产队等农民合作组织，管理形式集中、组织严密。

2.2.2 改革开放至农村税费改革

党的十一届三中全会后，我国的农业发展进入一个新阶段。但在水利方面，当时社会上以至政府内部都对水利有怀疑的声音，认为水利投入很大，浪费很大，效益不好，以至在 20 世纪 80 年代国民经济的调整过程中，水利资金被大大削减。在此背景下，国家对原有的水利建设模式进行了改革，即一方面对水利工程单位进行企业化改制，大力推进水利体制改革；另一方面，改革水利收费制度，提高农业灌溉水费价格，将水利工程的管理、运行费用转化成农民的生产成本，同时，通过“两工”（劳动积累工和义务工）的形式，将水利建设作为农民负担的一部分由地方政府进行统筹安排，以弥补由于国家投入的减少而可能出现的问题。

1981 年，国家农委批转水利部《关于全国加强水利责任制的报告》，要求在水利管理上实行承包责任制。1985 年，国务院办公厅转发水利电力部《关于改革工程管理体制和开展综合经营报告的通知》，进一步明确，各水利部门应当把开展综合经营当作重要任务，加强经营管理，讲求经济实效，逐步创造条件，向生产经营型发展，由事业单位向企业化过渡。水利工程单位的企业化改制，使原来由国家负担、为农业生产服务的水利工程单位转变成自我发展、自主经营的经济实体。这样，水利工程单位逐渐从农业生产服务体系中分离出来，其功能不再只是农业灌溉。

1985 年，国务院颁布的《水利工程水费核定、计收和管理办法》明确规定，凡水利工程都应实行有偿供水，水费收入是水利工程管理单位的主要经费来源。水利收费制度改革，使原来具有公益性的农业灌溉转变成水利工程单位经营性的农业服务，农业灌溉水费成为农民生产费用的一部分。

水利工程单位的企业化改制和水利收费制度改革，不可避免地影响到水利建设。基于此，国家对水利建设政策也相应地进行了调整。1988 年 11 月，国务院在批转水利部《关于依靠群众合作兴修农村水利的通知》中提出，今后兴修水利，仍应贯彻自力更生为主、国家支援为辅的方针，实行劳动积累多层次、多渠道地兴修农村水利，国家提倡和鼓励农户或者联户按照统一规划兴修农村水利，坚持“谁建设、谁经营、谁受益”的原则。1989 年 10 月，国务院颁布《关于大力开展水利基本建设的决定》，要求继续完善劳动积累工制度，规定每个农村劳动力每年投入水利建设平均 10 个至 20 个工日，有条件的地方可以多搞。1996 年，国务院颁布《关于进一步加强水利基本建设的通知》，要求依法积极引导、鼓励农民群众集资投劳兴建小型水利工程，鼓励单位和个人按照“谁投资、谁建设、谁所有、谁受益”的原则，建设水利设施。水利政策的上述变化表明，水利建设的主体逐渐多元化、微观化，水利建设的筹资方式逐渐基层化、劳务化。从此，水利建设转化为农民负担的一部分。农民负担取向的水利政策是人民公社解体后，原有的水利建设的组织基础弱化后，国家对水利发展的一种替代性措施。这一措施的核心是将水利建设和管理主体下沉，基层政府和乡村组织通过统筹“两工”来解决水利建设筹资筹劳问题。“两工”具有强制性，在农闲时节，基层政府和乡村组织可以统一调配“两工”，使水利工程能得到持续、有效维护，且以劳动力的使用替代农民的现金支出，符合农村实际，在国家投入不足的情况下，对于水利建设起到了积极作用。

20 世纪 90 年代中后期，由于农民大量外出务工，“两工”组织困难，基层政府和乡村组织便将“两工”货币化并向农民征收，“两工”变成显性的农民负担。此后，随着农民负担日益沉重，货币化“两工”的征收越来越困难，基层政府和乡村组织越来越难以介入水利建设，而采取企业化经营和运作的水利工程单位，由于缺乏基层政府和乡村组织来组织农民进行常规性的水利建设，水渠、涵洞等水利设施长期得不到及时有效的维护，已有的水利系统渐趋衰败。

这段时期，由于建设管理方面的不足，在规划设计阶段没有体现水利对经济的支撑作用。由于农村经济组织的缺失，水利管理的主体也缺失，特别是小型水利工程的管理和维护方面。主体不清也造成水利管理组织涣散，没有效率。

2.2.3 农村税费改革至今

2000 年中共中央正式下发《关于进行农村税费改革试点工作的通知》。2002 年，农村税费改革在全国推开。农村税费改革大大减轻了农民负担，但取消“两工”的做法，以及随后启动的乡村管理体制改革，使原有的以农民负担为重要筹资筹劳渠道的水利建设向市场化和自治化方向发展。

2002 年，国务院办公厅印发《水利工程管理体制改革实施意见》，要求对现行水利工程管理机构的设置和职能配置进行相关的调整，积极推行管养分离，划分水管单位类别和性质，严格定编定岗。2003 年，水利部颁发《小型农村水利工程管理体制改革实施意见》，进一步明确了对农村小型水利工程进行市场化改革的目标、原则和程序，希望通过明晰小型水利工程的所有权，进一步转换运行机制，吸引社会力量投资经营小型水利工程，以弥补基层政府对水利建设投入的不足。

税费改革后，为解决农村“两工”取消后给水利建设带来的问题，中央要求各地农村实施“一事一议”，即农民以村为单位，通过村民大会或村民代表大会，讨论与村民利益关系密切的公共品供给，由村民决定是否修建某个公共工程，修建在何处，如何修建，并由村民民主管理由“一事一议”筹措的资金。“农户用水协会”是农村税费改革后，国家试图在乡村组织以外建立的非行政性水利组织制度。

2002 年国办转发的《水利工程管理体制改革实施意见》中明确提出“要探索建立以各种形式农村用水合作组织为主的管理体制”。

2005 年，国务院办公厅转发《关于建立水利建设新机制的意见》，从五个方面列出了建立水利建设新机制的工作重点：第一，增加政府投入，逐步建立水利建设资金稳定增长的机制；第二，以县为单位，以自下而上的方式做好水利建设规划编制工作；第三，规范水利建设项目管理和资金使用，明确资金投向，明确项目实施主体，完善补助方式，制定补助标准，健全申报程序等；第四，完善村级“一事一议”筹资筹劳政策；第五，按照“谁投资、谁受益、谁所有”的原则，加快推进水利建设管理制度改革。同年，水利部、国家发改委、民政部联合下发了《关于加强农民用水户协会建设的意见》，全面系统地阐述了加强用水户协会建设的重要性、发展的指导思想和原则，将组织农户用水协会置于十分重要的位置。

2011 年中央一号文件《中共中央国务院关于加快水利改革发展的决定》（以下简称《决定》），是新中国成立以来中央首个关于水利的综合性政策文件。《决定》从战略和全局高度出发，将水利建设提升到国家安全的战略高度。这是对近 30 年来我国水利政策的深刻反思，是我国水利政策的一个重大转折。此外，从 2004 年到 2014 年中央连续出台的 11 个“一号文件”，中央政府从战略高度系统部署了水利改革发展的全面工作，提出要把加强水利设施建设作为现代农业建设的大事来抓，强调了“加强水利等薄弱环节建设”“大兴水利建设”“健全水利建设新机制”等。

这一时期水利建设投入力度加大，在水利建设投资上更加尊重民意，民主决策成为新时期开展水利建设的主要特征。中央把加强水利设施建设作为保证农村发展的重要举措，中央和地方投入大量的人力、物力及财力用于水利工程的建设。“十一五”期间，中央财政通过水利口安排水利建设资金达 465.54 亿元，比“十五”时期增长了 277%；中央财政其他专项用于水利建设 889.8 亿元；地方财政投入水利建设资金约 1600 亿元。与此同时，依靠科学的建设程序及管理模式，大量的水利工程发挥作用，极大促进了农业的发展，取得了很好的成效。

这个阶段，国家加大水利工程的建设和维护投入，明确了水利设施的管理主体，也将水利工程的管理责任明确到地方政府。权责明晰也使得水利工程管理组织变好。但是，小型农田水利工程管理和维护仍未达到一劳永逸解决问题的地步，这部分的管理和维护仍然存在问题。

2.3　我国水利工程管理现状及存在的问题

2.3.1　我国水利工程管理现状

从运行管理而言，我国的水利工程一般具有公益性质、经营性质或综合类性质3类。综合类工程是指既承担防洪、排涝等社会公益性任务，又有供水、发电等经营性经济效益的水利工程。水利工程社会效益和经济效益的发挥主要是在工程项目的运行时期，所以水利工程管理对于水利工程功能效益的发挥至关重要。

20世纪90年代以来，我国水利工程管理基本已实现了从粗放型向集约型转化、从适应计划经济到适应市场经济转化、从工程独立管理到流域工程群管理转变。在管理体系上，实行从中央到地方分级负责的管理体制，并分为水行政主管部门和业务管理部门两个体系。在法规建设方面，先后颁布了《中华人民共和国水法》《中华人民共和国防洪法》《中华人民共和国河道管理条例》《中华人民共和国防汛条例》《水库大坝安全管理条例》等水利工程管理根本法规，并制定了相应的配套法规，如《混凝土大坝安全监测管理技术规范》《土石坝安全监测管理技术规范》《防洪标准》《水库大坝安全鉴定办法》《水库大坝注册登记办法》《水闸安全鉴定规定》《水利建设项目经济评价规范》《水库大坝安全评价导则》等几十种法规和技术标准。总之水利工程管理逐步进入法治化、规范化、专业化、现代化的进程中。

2.3.2　我国水利工程管理存在的主要问题

（1）水利工程管理者管理意识淡薄

随着我国社会主义市场经济的不断完善，我国水利工程管理单位长期积淀的问题逐渐暴露出来，主要有以下两个方面的问题。一是“重建设，轻管理”的思想普遍存在。近几年在增加水利投入、加快水利基础设施建设的同时，有的地方对现有工程的挖潜改造和强化管理问题没有给予足够重视。此外，很大一部分水利工程管理人员在思想上还将水利工程认为是单纯性的公益事业和福利事业，对水利工程是国民经济的基础设施和基础产业的事实缺乏认识度。再者在水利工程管理工作中，部分管理者缺乏效益管理的观念，只注重保证经济效益而忽略了实现环境、社会和生态效益。

（2）水利工程管理资金投入不足

从现阶段水利工程项目管理工作状况来看，水利工程项目管理能够从根本上解决区域经济发展问题，促进农业发展增效、工业可持续发展，从而对稳定社会主义各项事业的顺利进行提供有力支撑。目前的水利投入资金和政策还无法完全满足当前经济发展阶段提出的需求。有些城镇、农村财力较为紧张，突出表现为农村水利节水灌溉、灌区改造工程和农水配套以及相关财政投入无法协调一致的发挥合力，从而难以实现上级所预期的水利功能管理预期效果。当前区域水利工程管理工作投入的工作量无法完全满足经济发展和社会进步提出的需求。特别是最近几年兴起的节水灌溉、灌区改造、中小河道综合治理等水利工程的投入，从财政投入状况来看相比以往有大幅增长，但是，在物价水平持续上升、人力资本大幅提高的情况下，水利工程管理资金还需大幅提高。

（3）水价不合理、工程养护维护不协调

目前，我国水价的审批是由国家各级价格管理部门严格控制的，既不能按照商品的价值规律和供求关系定价，又不能得到政府的价格补贴，这实际是政府转嫁了水商品成本支出的负担。据测算，普遍实收水价只占成本价的 40% 左右。再加上水费收取率低，不能适应市场经济的要求；农业水价仅达到成本的 1/3，且水费收取环节过多，实际收取率仅为 75% 左右。因此，造成了全国水管单位的巨大亏损，导致水管单位不能维持简单再生产的正常运行。

我国的大中型水利工程，很多是在 20 世纪 50 年代—70 年代建成的，受当时技术、资金条件的限制，普遍存在设计要求低、建设标准低、施工质量不高、渠道防渗不配套等问题。经过几十年的运行，水利工程老化失修、垮塌水毁严重，致使水资源的利用率低，并且存在重大的水利工程安全隐患。近年来，我国大江大河的堤坝和各类水库的防洪抢险任务十分艰巨，水库垮坝、渠道垮塌等事故时有发生。这是由于水利工程管理和养护维修机制不协调所造成的后果。

（4）基层水利工程管理机制不够健全

当前我国部分地区的基层水利管理机构制度建设、机制保障及人员配制等还有进一步完善的空间。在有些地方，乡镇一级水管站已被撤销或租赁包给个人进行管理。这导致工作人员多由当地的村干部兼任，引起基层水利机构的运作杂乱无章，还引起基层水利设施的防汛责任主体不明确，管理责任落实不到位。此外，有些地方还存在老旧基层水利设施暴露出不同程度的安全隐患，且不能得到有效的围护与修缮。

部分基层单位重大事项的集体决策制度执行不到位。对于重要事项范围和职责权限界定不明确，集体决策议事方式、程序和规则不够规范和清晰，无法实际操作，参与者无法或不敢充分发表意见；没有建立详尽的决策记录制度，没有班子成员核实及签字的过程，有的单位甚至没有正式的会议纪要；没有可操作的决策监督和问责制度。

（5）水利工程管理单位权责不明

水利工程大部分为综合利用工程，具有公益性和经营性两种性质，公益性资产和经营性资产界定不清，公益性部分运行管理费并没有得到财政给予的合理补偿。综合性单位从事多种经营的部分，不能在市场经济的大环境下实施经济核算、独立经营、自负盈亏，运行机制无法按现代企业制度运作。部分水管单位责任主体不明晰。一些水利工程没有严格按分级管理的原则进行管理，不利于水资源的优化配置和统一调度；一些水行政主管部门对水管单位只有业务管理权限，没有人事管理权；对一些非水利部门管理的水利设施和水管单位，各级水行政主管部门的行业管理责任难以落到实处。

（6）水利工程管理者自身素质有待提高

据水利统计资料显示，我国水利工程管理中严重缺乏农田水利技术人员，甚至一些基层水管单位的技术干部岗位都存在着空缺现象，使我国农田水利的管理无法满足现代水利的日常管理需要，队伍建设出现边缘化，严重制约着基层水利的健康发展。导致这一现象的主要原因是部分乡镇水管站的工作人员并无编制，因此无法得到相应的财政拨款，且水利管理工作的责任大、任务重，大部分技术人员不愿接受这样的工作，故一些乡镇水管站的日常管理由少量的水利员轮流负责，更不用说专业人员的引进了。再者，农村地区有些管理者的综合管理素质普遍不高，主要表现为工作责任心不够强、年龄偏大、学历普遍偏低、服务意识不强、人员的配置不齐全等，这样就对该工程的实际管理成效起到了较大的抑制作用，并且对于管理机构的定位也具有模糊性，既非事业单位也非企业单位，再加上在管理福利上的严重缺位，如社保或医疗保险等，也严重影响了管理者的工作热情，这些都不利于农田水利工程的管理。

（7）农田水利产权改革引发新的水事纠纷

近年来我国推动实施了新一轮小型农田水利工程管理体制改革，其首要目的是效仿土地联产承包责任制的改革路径，按照“谁投资、谁受益、谁所有”的原则，明晰小型农田水利工程产权，突出其商品性质和实现农田水利设施分包到户，以此推进农田水利工程管理体制变革，最终调动广大农民参与农田水利合作的积极性。按照文件要求，各地开始通过拍卖、租赁、承包、股份合作等方式，对小型农田水利工程进行管理体制改革。

虽然全国大部分地区宣称已经完成小微型农田水利工程的管理体制改革，但是，在实际操作过程之中，农田水利设施从集体所有到产权明晰化的转变并非一帆风顺。一方面，产权明晰化改革使乡村组织逐渐退出小型农田水利工程的建设和管理，转而由私人承担；另一方面，由于支撑农田水利基本建设的“两工”被取消，加上农业比较效益降低、农民来自农业生产收入份额下降等多种因素影响，农民个人投入小型农田水利工程建设和管理的积极性下降。另外，以产权明晰化为特征的农田水利工程体制改革在社区实践过程中也带来了一系列农田水利合作问题，社区农田灌溉系统管护责任不明、农田水利工程经营管理不善等状况屡屡发生，并由此产生了大量的基于产权博弈的水事纠纷现象。

2.3.3 我国水利工程管理存在问题的原因分析

（1）受传统观念的影响，缺乏工程现代化管理意识

我国水利工程从规划设计阶段直至运行时期都不同程度存在“重

建设，轻管理”的传统管理思想，造成后期维修经费投入不足等，也缺乏工程现代化管理意识。而改变传统“重建设，轻管理”的管理理念，确立水利工程管理理念核心地位，首先需要建立可持续发展理念，将经济效益、社会效益、环境效益等因素综合考虑到水利工程建设及管理中，尤其是协调水利工程建设与生态环境间的关系，协调各方面同步发展。此外在水资源开发利用过程中，需对水资源进行优化配置，保证水资源发挥其最大效益，同时保护水资源的持续利用。

（2）管理机制建设亟待完善，忽视市场在资源配置中的作用

如前文所述，水利工程本身涵盖了防洪、供水、发电以及灌溉等方面的功能。而这些功能在其管理机制中分别具有社会公益型、生产经营型或综合型，显然，这种管理体制的分离使得水利工程中出现管理政策不清、管护责任主体不明确等问题，严重影响了水利工程管理的效率和水平。随着我国市场经济建设步伐的加快，既要确保水利工程社会效益的充分发挥，又要引入市场竞争机制，不断完善水利工程管理机制，制定出和社会经济相适应的水利政策，将水利工程管理更好地融入到市场中，降低水利工程的运行管理成本，提高管理水平和经济效益。

尤其对于投资主体复杂、公共物品特性显著、所有权和使用权形式多样的小型水利工程，存在的主要问题是产权界定不明晰、管护责任主体不明确、管护人员专业水平低、管理经费不落实等，导致工程管护不到位，功能得不到充分发挥，效益低下，而小型水利工程与农民的关联度高，影响农村经济发展。

（3）工程公益性功能的补偿机制还需完善和清晰

任何水利工程都不同程度地具有公益性功能，如防洪效益、环境保护效益、公民非商业性的休闲、农业灌溉等。而公益性支出与效益无法完全依靠市场机制进行回收，建立水利工程公益性投资与效益补偿机制很重要。尽管国家和地方也出台了一些水利政策，与公益性水利工程耗费补偿有关的政策规定有：水利工程水费、水资源费、河道工程维修费、河道采砂管理费、水土保持补偿费和水土流失防治费、水文有偿服务费等，建立了水利建设基金，但由于数额有限，且地方财政资金很难到位，有关补偿机制有待进一步完善，存在的问题有对

补偿问题不够重视、现有体制存在弊端、补偿资金难以到位、相关法律法规不完备等。要解决这些问题就要采取一定的措施来推动公益性效益补偿机制的进一步完善，如准公益性水利工程中公益性资产的界定，确定水利工程公益性部分应分摊的维护运行管理经费的比例，公益性和非公益性工程投资及产权划分标准和方法如何确定；为保证各项经费来源渠道畅通，补偿资金确保到位，应专门制定公益性效益补偿方法，包括补偿额度、补偿方式、资金来源、适用范围、使用监督等。把政府行为与市场机制、政府负担与社会补偿有机结合，保证水利工程设施公益性效益的发挥与水利事业的健全发展；健全法律和配套法规，建立水利工程设施公益性效益补偿机制，以适应水利事业发展需要。积极借鉴美国、加拿大、日本等国外水利工程公益性功能补偿机制的经验。

（4）农业灌溉供水价格机制不够完善，水权不够清晰，用水效率有待提高

我国农业用水占了全社会用水量的60%以上，为了实现水资源可持续利用，农业节水、提高农业用水效率成为各级政府的有效措施。我国在推进农业节水方面制定了一些政策，取得了一定成效，但与国外一些国家的农业用水效率还是有差距的。存在的主要问题有：农业水权不够清晰，在水权转让方面还需不断试点，总结经验，加强推广；农业节水投入机制还需完善，处理好政府资助扶持投入与农户参与管理的关系；如何利用经济杠杆促进农业节水，制定合理的供水价格政策体系；加强重视农业节水技术和推广应用研究，提高灌溉用水效率。

2.4 我国水利工程管理的相关政策

迄今为止，与水利工程管理有关的法律和政策体系大致包括以下这三个层次：全国人大常务委员会通过的法律法规，中央政府、各部门颁布的政策措施、标准、指导意见等，以及地方政府实施的行动方案、措施等。

2.4.1 国家相关政策

（1）2011年中央1号文件。2010年12月31日，中共中央、国务

院发布了《中共中央国务院关于加快水利改革发展的决定》（中发〔2011〕1号），这是指导我国现阶段水利工作的纲领性文件，推动水利实现跨越式发展，从战略上突出水利改革的重要性，水安全直接关系到经济安全、生态安全、国家安全。

（2）《中华人民共和国水法》。2002年8月29日第九届全国人民代表大会常务委员会第二十九次会议修订通过《中华人民共和国水法》，自2002年10月1日起施行。这是一切水资源开发利用、保护的法律保障和依据。

（3）《中华人民共和国水污染防治法》。2008年2月28日中华人民共和国第十届全国人民代表大会常务委员会第三十二次会议修订通过《中华人民共和国水污染防治法》，自2008年6月1日起施行。

（4）《水利部关于深化水利改革的指导意见》。2014年1月24日，为了全面落实中央关于水利改革发展的决策部署，水利部印发了《水利部关于深化水利改革的指导意见》。《意见》提出深化水利改革的总体目标是构建有利于增强水利保障能力、提升水利社会管理水平、加快水生态文明建设的科学完善的水利制度体系。到2020年，在重要领域和关键环节改革上取得决定性成果。明确了深化水利改革的重点任务，包括加快水行政管理职能转变、推进水资源管理体制改革、建立健全水权制度和水价机制、加强水生态文明制度建设、建立严格的河湖管理与保护制度、完善水利投入稳定增长机制、深化水利工程建设和管理体制改革、创新农村水利发展机制、健全基层水利管理体制机制、强化水利法治建设和科技创新等10个方面的改革举措。

（5）《水利工程管理体制改革实施意见》。2002年9月17日，国务院批准发布《水利工程管理体制改革实施意见》。这是继新《中华人民共和国水法》颁布以后，我国水利工作中的又一件大事，是水利工程管理上的一个重要里程碑，必将有力地促进水利工程管理，提高水利工程的社会、经济和生态效益。

（6）《关于深化小型水利工程管理体制改革的指导意见》。2013年3月28日，水利部、财政部印发《关于深化小型水利工程管理体制改革的指导意见》，这是为了明晰工程产权，落实管护主体和责任，对公益性小型水利工程管护经费给予补助，探索社会化和专业化的多种水利工程管理模式，建立健全科学的管理体制和良性运行机制，确保小型水利工程安全运行和效益充分发挥。

（7）《定岗标准》和《定额标准》。2004 年 7 月 29 日水利部、财政部共同制定了《水利工程管理单位定岗标准（试点）》（简称《定岗标准》）和《水利工程维修养护定额标准（试点）》（简称《定额标准》），并决定在各流域机构选择部分水利工程管理单位（以下简称水管单位）进行试点。这是《水利工程管理体制改革实施意见》的重要配套文件。

据报道，2003 年水利部确定的 7 个试点联系市（县）和 24 个试点联系单位全部完成了改革任务，并通过了省级验收。2004 年水利部和财政部在中央直属工程中选择的 46 个试点单位，于 2005 年年底全部完成了改革任务，为直属工程的全面改革创造了条件。截至 2007 年 7 月，全国 15100 多个水管单位中，有 12000 多水管单位完成了“两定”（即：定岗和定经费）测算，完成率达到 79%；有 9000 个单位完成了分类定性，完成率达到 58%。其中，中央直属工程两项工作的完成率均达到 100%；省直属工程两项工作的完成率分别是 99% 和 75%。

2.4.2 地方相关政策

基于新的《中华人民共和国水法》和中央关于水利改革的最新战略部署以及水利部有关水利改革的指导意见，地方省级政府、流域管理委员会根据各自的省情、流域特点，都制定了有关水利改革的具体实施措施，提出了改革的具体任务和完成的目标。水利工程数量占有率比较多的省份情况大致归纳如下：

（1）《安徽省水利厅关于深化水利改革的实施意见》。提出的阶段目标：2017 年前，制定水利改革的配套政策，在一些重点领域和关键环节完成水利改革综合试点。2020 年，在重要领域和关键环节改革上取得决定性成果。

《安徽省小型水利工程管理体制改革实施方案》。按照“产权有归属，管理有载体，运行有机制，工程有效益”的要求，以明晰小型水利工程的所有权和使用权为重点，落实管护主体、管护责任和管护经费，到 2017 年年底基本建立适应安徽省省情与农村经济社会发展需求的小型水利工程管理体制和良性运行机制。

（2）《福建省水利厅关于深化水利改革的实施意见》。提出到 2020 年，在重领域和关键环节改革上取得决定性成果，为实现“强水利、美生态、富百姓、保安全、建队伍”的水利改革发展目标提供支撑和保障。

（3）《海南省关于深化小型水库管理体制改革的指导意见》。根据该意见，将现由村、镇（乡）管理的小型水库收归或交由市县（区）统一管理，建立健全科学的水库管理体制和良性运行机制，确保水库安全运行和效益充分发挥。

（4）《河南省深化水利改革总体实施方案》。提出深化水利改革的总体目标：构建有利于增强水利保障能力、提升水利社会管理水平、加快生态文明建设的科学完善的现代水利体系。到 2020 年，在重要领域和关键环节改革上取得决定性成果。

《河南省深化小型水利工程管理体制改革实施方案》。力争用 5 年时间，建立健全河南省小型水利工程管理体制机制，建立适应河南省情、水情与农村经济社会发展要求的小型水利工程管理体制和良性运行机制。

（5）《黑龙江省深化水利改革总体实施方案》。深化水利改革的目标是构建有利于增强水利保障能力、提升水利社会管理水平、加快生态文明建设的科学完善的现代水利体系。到 2020 年，在重要领域和关键环节改革上取得决定性成果。

《黑龙江省关于深化小型水利工程管理体制改革的实施意见》。改革目标：到 2020 年，基本扭转小型水利工程管理主体缺位、管护责任不明确、工程效益不能正常发挥的局面，建立适应黑龙江省省情、水情与农村经济社会发展要求的小型水利工程管理体制和良性运行机制。

（6）《江苏省水利厅关于深化水利改革的实施方案》。深化水利改革的总体目标是构建有利于增强水利服务保障能力、提升水利社会管理水平、加快生态文明建设的科学完善的现代水利体系。到 2020 年，在重要领域和关键环节改革上取得决定性成果。

（7）《江西省关于深化全省水利改革的实施意见》。总体目标是围绕创建文明示范省，构建水生态文明制度体系，探索建立保护严格、责任明确、运转协调的水资源管理体制；产权清晰、权责明确、利用高效的现代水资源管理体制；稳定增长的水利投融资机制；适应市场经济要求，着力提升水利社会管理和公共服务能力。促进水资源优化配置、合理开发、高效利用、全面节约、有效保护和科学管理。到2020年，在重要方面和关键环节改革上取得决定性成果，使江西省水生态环境保护走在全国前列。

（8）《山东省深化小型水利工程管理体制改革实施方案》。改革目标：到2020年，基本扭转小型水利工程管理体制机制不健全的局面，初步建立符合山东省省情、水情和农村经济社会发展要求的小型水利工程管理体制和良性运行机制。即：建立健全以县域为单位的县、乡、村三级工程管理体系；建立制度健全、管护科学、经营规范的工程运行机制；建立专业化、市场化和社会化的水利工程管护体系；建立稳定可靠、使用规范的资金投入长效机制；建立奖惩分明、考核科学的工程管理监督机制。

（9）《浙江省水利厅关于深化水利改革的实施意见》。改革目标，坚持政府主导办水利，更多地发挥市场的作用。坚持权责一致，合理划分省、市、县（市、区）、乡镇（街道）水利事权。坚持统筹兼顾各项水利改革，突出关键环节创新突破。坚持市、县先行先试，激发各地的创造性与积极性。坚持处理好改革与发展的关系，用深化改革来促进水利持续稳定发展。

（10）《黄委关于深化治黄改革的实施方案》。黄河流域管理委员会提出了治理开发和保护黄河流域的改革方案，加快建立有利于治黄科学发展的制度体系。

第3章 国外典型水利工程管理的经验借鉴

本章主要对发达国家和发展中国家的水利工程管理的主要做法和经验进行梳理。在此基础上，从管理体制机制、政府的作用、投融资机制、技术和人力资源五个方面分析讨论这些做法和经验对我国的启示。

3.1 国外水利工程管理的主要做法及经验

本节对一些发达国家（美国、日本、澳大利亚）和发展中国家（印度）的水利工程管理的做法和经验进行梳理。

3.1.1 美 国

（1）管理机制体制

①法律法规是基础。美国水利建设是在相应的水利法律框架下进行的。美国水资源从规划建设、权益分配、管理经营都按照水法及相应水权配置等用法律固定下来。美国水利建设过程伴随着美国水利法律体系的建设。1935 年美国国会通过《水土保持法》并依据《水土保持法》成立水土保持局负责对水土保持管理，而水土保持局又依据《水土保持法》在全国范围内开展水土保持工作。1936 年美国颁布《防洪法》以指导防洪工程建设，1954 年美国颁布《流域保护和防洪法》把预防水土流失和防洪工程建设紧密结合起来，这部法律授给水土保持局更大的水利建设责任，1968 年美国颁布《全国洪水保险法》和 1973 年颁布的《洪水灾害防御法》把防洪工程建设和推行洪水灾害保险结合起来，1986 年美国颁布《水资源开发法》对各类水利投资主体在各类水利工程中应承担的投资责任做了明确规定。

联邦政府所制订的法律，由参、众两院通过，总统签字后生效；州政府制定的地方法规，也必须经议会通过。法律一旦生效其解释权和执法权都在司法部门。美国的水法规具有不可抗拒的权威性和社会性，相关的法律法规成为水工程建设和管理的基础。水利工程项目确定之前都经过各方充分科学地论证，选择最佳方案，然后交政府有关部门批准立项，水利工程一旦立项，便形成法案，各方必须遵守，不能因人而变动。例如：加州的北水南调、胡佛坝的建设之前都据有关法规签订协议才实施。通过专项法令，依法成立专门管理机构，水利工程管理完全纳入法治轨道。

②以州为主体的多样性管理机构。由于美国是联邦制国家，水资源属州所有，因而美国对水利工程的管理采用基本以州为主的分散性管理体制，管理原则是谁建谁管，联合建联合管。联邦政府、州政府、地方政府及私人企业均可根据有关法律和法规，承担各自的责任，不同程度地参与水资源的开发和管理工作。联邦无统一的水资源管理法规，管理行为以州立法和州际协议为准绳，因而也没有统一的水管理机构，而由垦务局、陆军工程师兵团、水资源委员会和田纳西流域管理局 4 个单位分散管理。这些机构由联邦政府或国会授权对各自系统的工程规划、设计、施工和运行进行管理。同时，州以下往往分成若干个水务局，对供水、排水、污水处理及回用等涉水事务统筹考虑，统一管理。尽管这样的水务局不是政府部门，但州立法赋予其管理权限，对区域水资源、水环境负总责，使美国的水资源在一定程度上实现了统一管理。

当然，以州为主的水资源管理体制，并不意味着联邦政府在此方面只能袖手旁观。历史上，美国联邦有关部门一方面进行过大量水利基础设施工程的建设，另一方面也协调制定并监督执行了许多州级分水协议。例如，美国为合理开发利用西部水资源，在联邦内务部专门成立垦务局，负责协调西部 17 个州的关系，平衡各方利益，开发建设大型水利水电工程。垦务局在 17 个州中设有 5 个地区分局，负责区域水资源管理，并有一定的自主权。垦务局的工作程序是：首先协调各州要求，签订联合开发协议；负责筹措工程建设资金；向国会提出方案并得到通过；组织工程建设并负责运行管理、偿还建设贷款的本息。

专栏3－1：美国相关管理部门职责

农业部自然资源保护局。成立于1935年，主要负责全国水土资源普查、规划；控制水土流失，保护水土资源；小流域多目标综合开发治理；为供水和发电项目提供优惠贷款等。

内政部垦务局。成立于1902年，主要负责美国西部17个州的水资源开发和管理；投资开发大型跨流域水利工程；处理水事纠纷；对州以下的水利部门进行行业指导和技术监督。

美国地质调查局水资源处。有近5000名工作人员，并在四大河流域设办事处，主要负责采集、分析全美水文信息，为政府、企业、居民提供详尽准确的水资源信息和有关数据，并为水利工程建设、水体开发利用提出政策性建议。

田纳西流域管理局。主要负责田纳西流域的水资源开发利用，同时，还负责流域内火电厂和核电厂的建设以及其他自然资源的开发利用。

国家环保署。主要负责保护和改善全国环境质量，为控制污染而进行规划、研究和制订标准。

陆军工程兵团。主要负责由政府投资兴建的大型水利工程的规划设计与施工。

美国的水利工程管理体制主要显示在流域管理上。20世纪40年代美国森林水文学者首次提出流域管理的概念。在美国，把流域范围内的水体看作是一个地理管理单位，按照区域、州等从大到小分级编号实行单位管理，通过GIS信息系统监测各个单位，将监测到的相关水资源资料，统一输入到计算机系统里进行管理，监测信息包括：水质、水量、水体的主要用途，主要河流与支流水体中的污染因子的浓度，污染负荷的控制，水土利用、保持和生态等方面。以此为理念和技术基础，针对不同的流域，采用了不同的管理体制。如：设置联邦法人机构——田纳西流域管理局（TVA）；联邦和流域各州组成联合机构——特拉华、萨斯奎哈纳委员会；设立解决流域范围或特定问题的协调或管理委员会——密西西比河委员会、科罗拉多河流域控制咨询理事会、邦纳维尔电力管理局。大多数流域组织则通过各州际或联邦州协议进行具体运作。

田纳西流域管理是美国水资源流域管理的一个典型范例。1933 年美国国会通过《田纳西流域管理局法》提案并成立了田纳西流域管理局，管理局全面系统开发和管理该流域内的自然资源，该流域内的航运、防洪、发电、水质、娱乐和土地利用六个方面已经实现了统一开发和管理。田纳西流域管理局是一个既享有政府权力同时又具有私人企业的灵活性和主动性的国有公司。田纳西流域管理局有权制定电价和在国内外市场发行债券来筹集资金，但是董事会仍由总统任命，经参议院核准。同时也不同于一般公司，它并不以盈利为目的，坚持治理首位，发电次位的原则，辅助联邦政府对整个流域的水资源进行管理。以一体化管理模式为基础，以多种资源整体协调和长远发展为目标，综合开发水资源，实现多目标利用和科学治理。

③建设管理一体化、规范化和现代化。在美国（也包括加拿大），无论是 20 世纪 30 年代建成的工程还是近期建成的工程，都体现了建设时期就为管理着想、方便管理的思想。统一考虑工程建设阶段和工程管理的工作设施和生活设施；工程建设时期注意环境保护和植被的恢复，工程建成后环境同时得到改善，为管理单位留下一个优美的生活空间；通过制定严格的工程标准保证良好的工程质量，避免了短期行为和重复建设，为工程管理打下坚实的基础，避免了工程管理单位为工程配套甚至是除险加固而耗费人力、物力、财力。另外，工程设计从实际出发，在保证工程质量和安全的前提下，力求简单、适用和节约，不但没有降低设计水平，反而方便了工程建设，更有利于管理，真正体现了设计为施工服务、替管理着想的思想。

美国大型水利工程建设项目分 5 个环节：第一是前期工作。对拟建项目，经反复论证，由议会以法律的形式确定建设与否。因此，前期工作费及规划设计费较高，约占工程总投资的 20% ~30% 。第二是组建项目法人。规定项目法人对项目的筹划、筹资、建设、生产经营、偿还债务、管理维护及资产保值增值全过程负责。第三是招标。组建评标委员会，对投标人的背景、信誉、资质、方案等方面进行综合审核，取标的最低的前 3 名进行面试，评标委员会综合打分，在此基础上，择方案优、法人单位信誉好、价格低的为中标单位，由律师把关后签订合同，再由中标单位进行总包或分包。第四是实行监理制和质量监督制。在工程施工期间，由监理公司和质量监督公司按照工程规范和质量要求开展工作，对存在不按合同建设或延误工期或质量问题等情况，开出罚款单，由项目法人向施工单位索赔。第五是验收制。工程竣工验收前委托审计公司对项目法人、承包方进行审计，无问题后组织验收，并交付运营。[①]

④水权分配与交易及水资源定价市场化。美国许多地区水务局（南加州都市水务局）规定，来水、蓄水、输水、抽取地下水、废污水处理、地下水回灌等都是有偿运行的。水务局根据用水需求和供水情况，通过水资源调度模型进行实时调度，以满足用户需求。这个调度系统运行的基础就是市场化管理，水资源按质和成本论价。不同的价格决定了各种水源的分配，也促进了产业结构的调整，使废污水得以处理回用，使水资源向效益更高的产业部门流动，即“水往高处流”。

美国的水权与土地所有权密不可分，在水资源使用权的继承、流转和交易上，各州有较大不同，因涉及较多法律问题，都非常烦琐。近年来，在美国西部地区出现了水银行的水权交易体系，将每年水资源量按水权分成若干份，以股份制形式对水权进行管理，方便了交易程序，使水资源的经济价值得到充分体现。

美国水价的制定遵循市场规律，基本上要考虑水资源价值、供水及污水处理成本、新增供水能力投资。水费包括供水债券、资源税、污水处理费、检测费、管线接驳费等等，水价每年修订一次。美国也注重水价对节约用水的杠杆作用，近年水价年增幅达到8%，对1985年以后全国保持用水零增长起到了积极作用。水权、水价和水市场的运营，使开源和节流成为市场机制调控的自觉行动，尽管存在管理失灵的问题，但在促进美国水资源可持续利用方面的作用是显而易见的。

⑤十分重视节水和水资源保护。美国用水结构在20年前已基本趋于稳定，居民生活用水所占比例较高，在1950年至1980年的总用水

---

① 河南省水利厅赴美国培训团：美国大型水利工程建设与管理的启示，《河南水利与南水北调》，2007年第4期

量增长期内，农业、工业由于结构调整、降低成本以及对废水排放的严格限制，用水一直在下降，增长较快的就是城市居民和服务业用水。为此，美国水资源较紧缺的西部各州采取了许多节水措施，推广家庭节水器具，改革水价，开展节水宣传等。有的州对居民用水的限制措施非常细，甚至连灌溉草坪的时间都有明确规定。为了鼓励节水，政府规定了详细的经济政策，凡家庭、商业单位、工厂采取节水措施的都有不同程度的奖励补贴。节水措施有效遏制了用水量增长的势头。现在，各有关规划、计划中都把节水作为主要措施加以突出，尤其是西部各州，在开源与节流的关系中，首先强调的就是节流。

在水资源保护方面，美国十分重视减少对江河的污染和水生态系统的维护。全美建有 20000 多座污水处理厂，各种规模的污水收集处理系统保证了较高的污水处理率。一些城市划定了大面积的水源保护区，如旧金山政府就购买了饮用水源地集水区，采取严格保护措施。美国在水资源开发利用过程中，对生态系统的维护进行了大量研究。联邦垦务局所管理的西部水库，都规定要下泄生态水量，以保证动植物对水的需求。美国地调局近年启动了一项计划，对全国地下水进行监测评价，以推动各州采取回灌等措施，加强对地下水的保护。

（2）投融资机制

①投资主体多样化。美国水利投资主体众多。投资主体不但包括美国联邦政府中与水利建设相关的五个职能部门，即农业部的水土保持局、陆军工程兵团、环境保护局、内务部的垦务局和田纳西流域管理局；而且还包括在部分州设置的水资源管理机构，即州水资源局、州水资源管理会以及和水管理有关的其他地方机构。此外，还有大量的企业和个人也参与水利建设投资。

在投资主体众多的情况下，美国通过以下两条基本原则来确定投资主体、相关事权及投资分摊。一是明确投资主体及其事权的划分。水利项目投资中政府占据了绝对重要的投资主体地位，水利项目 60% 以上投资均源于各级政府的资金投入。庞大的政府投资需要在各级具有相对独立利益主体的政府间划分水利事权，联邦政府主要负责大河及跨州河流的治理，州及地方政府主要负责中小河流的治理，水电、洪水项目主要推向市场或按受益者分摊投资共同建设。二是按水利事权的划分实施投资主体分摊投资。对较大项目，州政府可通过游说众参议员经国会批准后取得资金保证，联邦政府与州政府共同负担。农业灌溉骨干工程、农村供水工程的资金一般是联邦政府赠与一部分，其余的由地方负责。对低于贫困标准地区的水利资金，联邦政府通常采取赠款或零利率贷款的办法予以支助。联邦法律规定任何一个项目赠款不得超过工程总投资的75%。灌溉工程的可行性研究、设计等技术方面的费用全部由联邦政府支持。

②投资来源多渠道。一是通过财政拨款获得融资。各级政府根据其所承担的融资任务对水利工程进行拨款。1986 年批准的《水资源开发法》对各级政府水利融资任务进行了规定。公益性越强的水利项目联邦政府负担融资的比重越大，地方政府负担融资的比重越小；相反，公益性越弱的水利项目联邦政府负担融资的责任越小，地方政府负担融资的责任越大。

除了纯公益性水利（防洪、环境保护和航运工程）项目外，水利项目的政府融资要求回收一定的融资资本金。通常，灌溉部分投资只要求收回本金，偿还期为40 年；发电和城市供水部分投资要收回本金和利息，偿还期为30 年。在水利项目建设时先由政府融资支持项目建设，而项目完工投入使用后，政府要求项目经营管理者从项目受益者中收取费用（电费和水费），逐年偿还政府的融资资本金及利息。1959 年政府修改田纳西流域管理局法，规定：田纳西流域管理局从1960 年开始按拨款和当年公用事业贷款的平均利润率用净电力收入偿付。

二是通过发行债券从社会融资。某一水利工程是否能够通过发行债券来融资，需要相关法律的认可和批准，只有在相关法案允许的情况下，才能够通过债券进行融资。1959 年联邦政府修改了田纳西流域管理局法之后，才允许田纳西流域管理局向社会发行债券，此前田纳西流域管理局并不能通过债券获得融资。TVA 的公益性项目和电力项目是分别核算的，公益性项目一直由国家拨款。从 1933 年到 1956 年，所有的电力项目也全部由国家拨款。随着 TVA 的发展，经济实力有所增强，1959 年国会通过了对 TVA 法案的修正案，该修正案规定它的发电部分实行自负盈亏，并且要连本带息地偿还政府的拨款。自 1961 年以来，TVA 和其他的电力公司一样在公共资金市场上发行了中、长期债券，近几年来 TVA 大大提高了其债券组合的收兑弹性，并成为美国市场上一个良好的债券发行企业。随着债券的发展，发行债券已成为水利建设融资的主要渠道。美国田纳西流域管理局 1976—1982 年由发行债券净得资金高达 106.67 亿美元，占当期投资总额的 81.27%。其中，1979 年所占的比重最大，高达 92.30%；1982 年占的比重最小，但也高达 58.60%。通过发行债券获得大量的资金较好地解决了水利建设资金不足的问题。

三是通过经营所得获得资金。经营所得主要来自于三个方面，分别是电费收益、水费收益和旅游收益。美国田纳西流域管理局 1976—1982 年由项目经营所得资金高达 22.27 亿美元，占当期投资总额的 16.97%。其中，1982 年占的比重最大，高达 26.82%；1978 年占的比重最小，但也高达 6.57%，项目经营所得的资金在投资中的地位仅次于债券融资。

（3）技术运用

1998 年，美国副总统戈尔提出了“数字地球”，“数字水利”的概念也应运而生，它是在数字地球的概念下局部的、更新专业化的数字系统。广义地说，所谓数字水利，就是综合运用遥感（RS）、地理信息系统（GIS）、全球定位系统（GPS）、虚拟现实（VR）、网络和超媒体等现代高新技术，对全流域的地理环境、基础设施、自然资源、人文景观、生态环境、人口分布、社会和经济状态等各种信息进行数字化采集与存储、动态监测与处理、深层融合与挖掘、综合管理与传输分发，构建全流域可视化的基础信息平台和三维立体模型，建立适合于全流域各不同水利职能部门的专业应用模型库和规则库及其相应的应用系统。狭义上讲，数字水利是以地理空间数据为基础，具有多维显示和表达水利状况的虚拟平台，是数字地球的重要组成部分。水电工程，包括电站、泵站、输水、配水等多方面，均实现了电脑调控、图像显示，且管理设施不断更新。如北水南调工程已通过总控制室与各管理分部门联网，实行联合调度。而且管理人员文化层次和管理素质普遍较高并且具有敬业精神。如，奥罗维尔电厂管理员中 75% ~ 80% 受过高等教育，其余都受过中等教育。然而，值得注意的是，并非对所有管理实施一刀切，而是根据其特征以实效为主。不少的大坝安全监测，仍采用传统方式，并且监测时间的间隔，随着大坝稳定等各项指标达标，逐渐减少监测次数。对泄洪闸等不主要依赖遥测遥控技术，遇上超设计洪水，管理人员应现场操作。

3.1.2 日　本

（1）管理机制体制

①法律法规严格监管。日本的法治很健全，一方面对政府投资项目制定了一系列的优惠政策，如提供长期贷款、无息或低息贷款，为项目法人发行建设债券提供担保，免征税收等。另一方面也依据法律对水利项目进行监管，政府对项目法人的监督很严格。1961 年日本制定了《水资源开发公团法》，1962 年创建了水资源开发公团，专门从事指定水系的水资源开发活动，以独立法人资格进行工程建设与运行管理。公团的基本任务是根据国家的各项长期规划和地方政府的远景规划，对日本的七大水系进行开发、治理，调整各方面的关系、筹集资金、统筹全国水资源开发事业。根据 1997 年修订的《河川法》，日本的河流按其重要程度划分为一级河流和二级河流，日本共有一级河流 109 条，二级河流 2722 条，分别由国土交通省大臣和都道府县知事管理，其中一级河流中的部分指定区域可由国土交通省大臣委托给都道府县知事管理。河流上水利工程的建设管理及建成后的运行管理由上述原则确定的河川管理者负责，所需费用原则上是一级河流由国家承担，二级河流由都道府县承担，国家对都道府县受委托管理的一级河流和二级河流上的水利工程的建设和管理按一定比例给予补助，补助标准除少数地区以外，不超过 50%。

②严格分级管理。日本采用集中协调与分部门行政的水资源管理体制，以流域水资源管理体制为主。水资源开发管理分别由国土厅、建设省、农林水产省、通商产业省、厚生省按政府赋予的职能进行管理。日本的水利工程管理体制是属于“多龙治水，多龙管水”的模式。日本的水利工程管理中建设公团负责政府投资的水利工程的建设和运行管理。

水利工程管理不包揽一切，严格分级管理，各负其责，国家通过政策调节来保护水利工程的利益。属于发电的水利工程按规定收取足量的水费；属于供水的交由城市供水部门管理，按总计量收费；属于支渠以下的地方工程，交由地方管理。

（2）投融资机制——国家投资为主导

日本将水利作为国家重要的公益性事业，日本把防洪、灌溉、排水、城市供水、工业供水、生活供水、水土保持、污水防治等水利工程项目（水力发电项目除外）当作国家公益事业，在水利建设中重视社会效益。对水利工程实行以国家投资为主，都道府县、市町村、事业公团及受益者多头分担的多元化投入体系。日本对河流进行分级管理，对治河费用及管理费用的分担有明确规定：根据河流的重要性及其影响大小等因素，划分等级。一级河流由国家主管部门管理，由建设大臣主管；其他河流由都道府县首长管理。国家管理的河流所需建设、管理费用，原则上由中央政府负担，若属地方要求项目，其费用由中央负担其中一部分。地方政府管理河流所需建设、管理费用，原则上由地方政府负担，根据需要可申请国家给予补贴。对于因灾损毁的公用设施，所在地方政府应在灾后立即组织修复，不需立项申请，所需费用按相关法律规定分担，一般中央、省、市各负担1/3。

日本的水利资金投资主体主要是国家、地方政府、农民和项目业主，国家和地方政府仅对水利公益事业进行大量投入；而对水利非公益事业推向市场，由项目业主负担，政府提供一定的补助。尽管如此，日本的水利资金投入以国家和地方政府的资金注入占据主导地位，并且水利投资一直在各类公益事业中居首位。虽然以政府投资为主，但是日本采取了多元化的融资渠道。日本水利资金融资渠道主要有各级政府财政拨款、向银行贷款、向社会发行债券、自筹和接受捐赠款项等。

水资源开发公司是日本政府重要的水利工程建管一体的机构；其工程建设费用及更新改造费用大部分由国家和都、道、县一级政府共同出资，少部分靠贷款和受益农户集资，运行管理费用则主要由收取的发电水费、城市供水水费及农民灌水水费（低标准）组成，并且不要这些费用偿还工程建设成本，部分工程维修费不足部分仍由国家拨给。农业基础整治中直属国家的大型灌溉、排水工程，主要由农林水产省投资；地方工程由地方政府投资，农林水产省给予补助，少部分资金由受益者负担。生活供水工程资金来源于每年上水道供水水费，亏损部分由厚生省和国土厅等给予补助。工业供水工程资金主要来源于供水水费，亏损由通商产业省、国土厅等部门给予补助。多目标坝的投资根据参加多目标坝建设的各部门在水库运行后所使用的库容获得的效益，或根据各部门单独修建替代工程时所需投资和可分离投资，进行分摊。

日本水力发电不属于国家公益事业，其资金主要来源于日本九大电力股份公司和电源开发公司等。从 20 世纪 80 年代开始，通商产业省每年对中小型水电开发给予补助。

（3）技术运用

日本的水利工程建设相当规范，并有科学的规划作指导，无论是高坝、取水堰闸，还是田间排灌设施，工程建设都相当规范，设施完好，运转正常。尤其是输水渠系，无论多长全都是混凝土衬砌，渠道两侧还设置工程护栏，因此渠道都相当好，渠系水利用系数相当高，水资源利用充分。在水资源利用与经营管理方面，十分重视科学预测与计划，注重节水。管理机构相当集中，人员也少而精，主要责任就是管好水。所有水利工程的工作点几乎都装设有自动测报装置，不断向控制中心发送适时数据，工作人员一般只要巡回检查，多数地方无人管理，或管理人员少而精。

日本对水质的监测与管理很严格，不仅在各级拦污栅上装有自动清污装置，而且还在主要工作点控制室内装设了水质自动取样、化验、测报的系统，甚至在水质监督箱内养殖鲤鱼，用生物进行监测。

日本很重视在国民中普及水科学知识，一些水利工程经常为前来参观者讲授工程知识，并进行电子模拟演示，组织参观建筑物。在供水工程上还兴建了水科学知识普及馆，参观者可以通过电脑、电动模拟模型及人机对话装置切身感受到水的重要和如何治水，非常生动形象。各水利工程管理机构都印刷了大量精美的卡片，免费提供给参观的人们。

3.1.3 澳大利亚

（1）管理机制体制

澳大利亚的行政机构分三个层次，即联邦政府、州政府、地方政府。联邦及州政府都设有自然资源部，为水利管理权力机构。部内设置有专门的水行政管理部门。地方政府一般不再设水行政机构。水资源的管理相对集中在州。地下水、地表水都是由州自然资源部下设水公司管理，服务到用户。在水利工程建设上，澳大利亚的一般做法是：首先，做好项目的规划设计等前期工作；然后由议会以立法形式批准立项；授权成立一个建设管理单位，负责项目的建设及建后运营管理工作。澳大利亚雪山工程是世界上著名的跨流域调水工程之一，该工程从 1949 年 10 月开始到 1972 年 10 月竣工，投资约 8 亿美元。该工程将没有得到充分利用而直接流入海里的雪山河，向北调入马兰比季河流域，向南调入墨累河流域。两项工程通过水库和隧洞连成一体，成为统一调水系统，调节水量。雪山工程采用的是典型的统一管理模式。联邦政府通过授权管理机构负责工程规划、水资源和电力分配、电力费用以及运行、管理和流域保护等权利，管理机构甚至还具有立法的权利，各部门在管理机构的协调下，以协议形式明确各部门权责。

雪山调水工程的管理包括水源调度与供水调度。由于整个系统跨越几个州，为了对各部门和地区进行有效协调，调度的最高权力机构为墨累—达令河流域委员会。雪山电力公司统管布劳宁水库和休姆水库的各个梯级电站和水库的运行，除了按条约规定的比例将斯诺伊河的水分送给墨累河与马兰比吉河外，它的调度完全取决于电网的需要。由于分水比例和装机比例相近，因此分水比例的约束条件对电力系统运行没有影响。

布劳宁水库以下，进入了马兰比吉河的供水区，全属新南威尔士州，因此布劳宁水库的调度以及其下各分水点的控制全由州政府的土地及水资源保护署管理，但必须保证河道汇入墨累河的流量不小于规定值。休姆水库以下进入墨累河中游供水区。上、中游河段跨新南威尔士州与维多利亚州，分往南澳大利亚州的水也主要由这里通过。为协调各方面的矛盾，休姆水库的调度以及河道、分水点的管理均由墨累—达令流域委员会负责。该委员会严格监督上游两个州各用户的引水量不得超限，保证将规定的水量送到下游的南澳大利亚州境内。对于各用水户，不论是从河道取水，还是从渠道取水，均实行严格的取水许可制度。规定了用户年取水总量、取水设备的能力以及供水的保证程度。供水保证程度分为多个级别，取低级保证度的用水户的取水完全受调度中心的控制，一般只有当较高级别的用水户得以满足，且保证河道最低流量的前提下才向其供水，而取高级保证度的用水户在其水量配额与取水设备的能力范围内，可以根据需要自由取水。最低保证度与最高保证度的供水水价相差较大，管理机构正是通过这一手段，鼓励各用水户修建自己的调蓄水库，鼓励用水户蓄丰补枯。现在，稍大的私人农场均有自己的蓄水坑塘，有的甚至建起了自己的小水库。

（2）投融资体制——以州政府投资为主导

澳大利亚宪法规定，水资源的开发与管理由州政府负责。联邦政府主要对防洪设施进行投资，除此以外，在其他水利设施上投资所占比重并不大。澳大利亚为灌溉目的所建的水库、堰和配水工程费用，主要由州政府负责投资，但联邦政府有时也给予一定的资金扶持。这些投资一般不要求灌溉用水户全部偿还，但要求用户支付运行和维修的费用，在一些州对运行和维修费用有一定的补贴。在农村地区，一些较小的水利管理部门的资金基本上是依靠贷款，但是这种贷款一般是贴息的，主要考虑是这些小的管理机构自身筹集资金或由用户支付工程项目投资有困难。

澳大利亚水利工程投资费用的分摊主要依据以下三个原则：一是在综合效益中，部门效益所需的专用工程费用和配套工程费用，由相应部门分摊；二是各受益部门间分摊的费用，要体现出受益的大小和经济效果；三是各受益部门分摊的总费用，应小于该部门的效益，同时也不大于相应替代方案的费用。具体来看，在灌区水利工程项目的投资分摊上，政府主要对枢纽工程、水源工程、骨干渠道及其建筑物投资；而农场内部的储水池、田间配套工程、灌溉设备等，则由农户自己投资解决。水源工程由州水利局直接管理，干渠、配水渠及其建筑物由地区分局分段管理，农场内的渠道、水池、设施等，则由农户自己管理。这样做的好处是产权明晰、职责分明。管理经费一部分由政府拨款，大部分来自水费收入。灌区实行严格的计划用水制度，用户必须先向渠道管理员提出用水申请，纳入计划后才能得到所需的灌溉用水。此外，灌区的管理技术先进，自动化程度较高。

（3）技术运用

澳大利亚不但重视水库的修建，而且十分重视水库的现代化管理，制定了一系列规章制度，配备了自动化操作和遥测系统。如新南威尔士州的沃拉甘巴水库，混凝土重力坝高137米，总库容20.6亿立方米，管理人员仅15名。除大坝附近的管理办公室外，在大坝内的中央控制室也配备了由计算机控制的操作台。泄洪闸及放水洞闸门的开启高度、泄洪量、库水位均自动化操作，计算机屏幕显示。

3.1.4　印　度

1978年印度建立了评价河川工程环境影响的正常机制。环境与森林部于1978年制定了河川工程EIA准则。该准则旨在使每项工程必须经过严格的环境影响评价才能批准，以便在工程开始阶段即将必要的补救措施纳入建设内容。准则还规定工程选址方案应经规划委员会各主管部门批准。国会于1980年年底通过森林保护法。该法要求所有待建的河川工程如果涉及任何淹没和砍伐问题，在开工前必须得到环境与森林部的批准。该部于1985年1月公布了一系列河川工程环境影响研究的数据类型和基本信息，以及环境影响评价的准则。

印度对电的供给存在巨大缺口。印度人均用电量仍然极低，只有350千瓦时/年。农村人口占3/4，但农村用电只占全印度用电量的1/3。虽然86%的村庄有了电，但只有约30%的农户用得起电。中央电力局（CEA）的研究表明，水电装机容量的比重至少应为40%，才能最佳利用发电的自然与财政资源。印度水电资源84000兆瓦中约75%尚待开发，加速水电开发势在必行。在优先发展水电的情况下，可将水电开发、农村开发与环境管理很好地结合起来。印度具有发展水电的巨大潜力。喜马拉雅山是印度次大陆最大的地表水资源地区。发源于该山脉的河流有印度河、恒河、布拉马普特拉—梅克纳河等水系。这些大河常年水流不断，在冬末和夏季有融雪和冰川供水，在季风和其他季节，由降雨径流、地表水流供水。

印度具有较好的供给水电的条件，同时对供电量具有巨大的需求缺口，这种矛盾的存在主要是因为其管理和投资存在缺陷。印度大多数水电工程进展缓慢，主要原因是资金不足、征地延迟，获得森林和环境部门批准，确定用于补偿造林的非林地、移民和重建等问题得不到邦政府重视。由于过去许多水电工程不能按期完工，所以给人一个错误的印象——水电站工期很长。这种想法进一步使水利工程的筹资受挫，大多数邦宁愿以较短的工期修建火电或燃烧煤气或液体燃料的电站，以满足快速增长的电力需求，而不顾火电站开发对煤矿和铁路运输等基础设施开发的压力和负担。如果将有关基础设施开发的费用考虑在内，水电开发会更加经济。值得注意，调查不够、征地时间长、环境和森林审批过程冗长，以及有关重建等问题，使私有企业家投资水电望而却步。尽管“私有部门参与水利开发修订导则”已增加了刺激因素，但私有企业家对印度水电工程的“建设、拥有、运行和移交”依然不感兴趣。

3.2 对我国水利工程管理的启示

在上述对美国、日本、澳大利亚及印度的相关水利工程管理经验梳理的基础上，从管理机制体制、政府作用、投融资、人力资源和科技五个方面对其进行总结。

3.2.1 管理机制体制

以各国的经验来看，管理机制体制并不一致。自由化程度比较强的美国主要采取的管理机制是分散式管理，根据不同的流域特征成立相应的管理机构。日本则主要采用分级式管理。虽然日本也采用的是流域管理，但是日本与美国的管理存在很大不同。日本根据《河川法》将水资源细分为不同等级，与该等级相对应水利工程管理也按河川的等级来进行管理。此外，日本的水资源开发并不是由单一的部门决定的，而是多个部门共同管理，被称为“多龙治水，多龙管水”的管理模式。澳大利亚水资源分布不均，因此实施了雪山工程用以调配水资源。雪山工程的管理采用的统一管理，为了有效协调各部门和各州之间的关系和利益，最高调度权归墨累—达令河流域管理委员会，对水资源的分配进行管理。

尽管不同国家针对水利工程的管理方式存在不同，但是在这些水利工程管理有效的国家都具有比较完备的法律法规来保证水利工程的管理。一般情况下，都具有与水资源开发使用的各项法律法规，而且在美国和澳大利亚还会根据水利工程的需要成立相应的法案，明确相关的规定以及各方的权责。

依据上述国家的经验可以发现，在管理机制体制中，以下几个方面具有现实意义。

一是法律法规比较完备。较为完备的法律法规成为水利工程管理有效进行的基础保障。

二是各方之间权责明确。明确的权责可以使水利工程中所涉及的各个部门、各个地区以及各投资者可以专注的完成各自分内的工作，充分体现出分工和合作带来的效率。特别是日本“多龙治水，多龙管水”的管理模式，如果各方权责不清，则极容易导致管理的混乱和政出多门，从而限制水利工程的建设和管理。

三是积极推进项目法人责任制的实施。我国水电工程建设、管理方面存在的问题与项目法人责任制未能全面推开有直接的关系。要根据水利水电项目的性质和特点，研究如何有效地实施项目法人责任制的问题，可按工程性质（如公益型或经营型）和工程规模来分类研究。这里最重要的问题就是首先必须明确各类工程的投资主体和投融资方式，解决这个问题还得解决好事权划分的问题以及明确政府对防洪等社会公益型工程投资的责任。通过实行项目法人责任制来保证工程项目从建设到运行管理、从资金筹措到还本付息和固定资产的保值增值得到落实，从而真正实现建管并重，合理、充分开发水资源，发挥水资源效益的目的。

四是注重流域的整体性和水资源的综合效益，实现兴利对除害的合理补偿。通过立法制定流域规划，确保流域规划的有效实施。对流域水资源的开发，要充分考虑上下游、左右岸的利益，兼顾防洪、灌溉、发电、供水、航运、环保、旅游等各方面关系，实行统一管理、协调一致，合理补偿，促进开发。比如对黄河的开发，应该将上游发电的效益作为对下游防洪费用不足的补偿，以解决下游河道治理和堤防工程的维护问题。而这种部门分割式的管理是造成黄河中下游防洪形势严峻的问题之一。

3.2.2 政府的作用

在上述国家中，政府对水利工程的顺利建设和有效管理都具有重要的影响和作用。主要体现在以下四个方面：

一是法律法规的建设。从管理机制体制来看，完备的法律法规具有重要作用，而法律法规的制定和颁布只能有政府来实现。鉴于此，政府在水利工程管理中的首要作用在于建立健全完备的法律法规。以美国来看，其水利工程建设过程也是相关法律法规的建设过程，为相关问题的解决方式和各方权责的确定提供法律基础。

二是严格的审批程序。水资源是一种涉及国力民生的资源，因此对其开发利用需要进行严格的审批。以法律法规为基础，对水利工程带来的收益和损失进行论证，只有在论证通过的情况下才能够实施。这个过程中涉及水利工程管理的相关内容，从而为其建设之后的管理提供保障。

三是有效的办事效率。虽然需要进行严格的审批，但是并不意味着审批的冗长与烦琐。政府部门的高效才能够有力推动水利二程的建设和管理。以印度来看，其水电发展严重落后的重要原因之一就是政府的低效，政府不重视、资金难以到位、过程拖延以及审批手续冗长等使得其水利工程难以开展。

四是提供政策指导和支持。在流域管理的背景下，水利工程将对整个流域带来影响，政府的水利规划将会对水利工程管理具有重要的指导意义。政府的理念将会影响水利工程的理念。例如，美国的田纳西流域管理委员会，虽然是一家公司，但肩负着政府的部门职责，坚持着以治理为首的原则。另外，政府的财政资金也是有限的，对于一些需要实施的水利工程难以负担的情况下，特别是非公益性较强的水利工程，在严格论证的基础上，可以通过其他的政策给予支持。

五是通过立法来约束工程项目的开发建设，使其按照可持续利用资源、保护资源的方向发展。对以牺牲环境和满足少数部门利益而大量浪费资源的工程建设要杜绝；对综合效益不大而严重破坏环境的工程宁可不上。

3.2.3　投融资机制

在上述国家，水利工程主要被分为两类，一是公益性水利工程，二是非公益性水利工程。尽管各个国家和地区对公益性与非公益性的界定存在不同，但是基本的投融资原则是，公益性越强的水利工程，政府融资的比例越大，反之亦然。投融资的突出特点表现在以下几个方面：

一是投资主体多元化。大多数国家都形成了多元化的投资体系，从而为水利工程提供有效的资金保障。即使在日本除水力发电工程之外所有水利工程都被视为国家公益性项目的情况下，也形成了都道府县、市町村、事业公团及受益者多头分担的多元化投入体系。

二是政府投资为主导。水利工程虽然能够带来水费、电费甚至旅游方面的收入，而且在投资主体众多的情况下，依然是政府投资为主导。美国是典型的市场经济国家，能够通过市场解决的问题尽可能通过市场来实现，即使在这种情况下，美国联邦政府和州政府对水利工程的投资依然是主要投资。日本、澳大利亚水利工程的投资中政府投资也是主体，日本的水电费收入低于其相关成本，政府对于亏损部分给予补贴。

三是融资渠道多元化。一般而言水利工程所需基金较高，从而导致水利工程多渠道融资的特征。主要包括：政府财政拨款、银行贷款、发行债券、自筹等多种渠道。

3.2.4　技术与人力资源

随着数字水利的提出和逐渐发展，上述国家水利工程的科技水平也逐渐深入和提高。主要涉及以下两个方面：一是自动化水平不断提高。日本所有水利工程的工作点几乎都装设有自动测报装置，不断向控制中心发送适时数据。美国水电工程的各个环节都实现了电脑调控。二是地理信息系统等被广泛采用。随着电子技术的发展，水利工程的管理更加具体而有时效。

随着信息化水平的提高，上述国家水利工程管理中所需要的人员需要具备较高的技术水平和专业素质。采用的是高学历、少而精的人员配置要求。美国、日本、澳大利亚无一例外，受过高等教育的人员比较较高，而且管理部门的人员都相对较少。鉴于此，我国现有专业人员的素质和技术水平需要进一步提高，同时需要注重培养相关专业的人员，为我国水利工程建设和管理水平的提高提供人员储备。同时要大幅度提高野外施工、偏远地区工作人员的收入水平，调动这些岗位人员的积极性，提高生产效率。

第 4 章 我国水利工程管理的地位和作用

4.1 我国水利工程和水利工程管理的地位

水利工程是指在江河、湖泊和地下水源上开发、利用、控制、调配和保护水资源的各类工程。人类社会为了生存和可持续发展的需要，采取各种措施，适应、保护、调配和改变自然界的水和水域，以求在与自然和谐共处、维护生态环境的前提下，合理开发利用水资源，并为防治洪、涝、干旱、污染等各种灾害。为达到这些目的而修建的工程称为水利工程。在人类的文明史上，四大古代文明都发祥于著名的河流，如古埃及文明诞生于尼罗河畔，中华文明诞生于黄河、长江流域。因此丰富的水力资源不仅滋养了人类最初的农业，而且孕育了世界的文明。水利是农业的命脉，人类的农业史，也可以说是发展农田水利，克服旱涝灾害的战天斗地史。

人类社会自从进入 21 世纪后，社会生产规模日益扩大，对能源需求量越来越大，而现有的能源又是有限的。人类渴望获得更多的清洁能源，补充现在能源的不足，同时加上洪水灾害一直威胁着人类的生命财产安全，人类在积极治理洪水的同时又努力利用水能源。水利工程既满足了人类治理洪水的愿望，又满足了人类的能源需求。水利工程按服务对象或目的可分为：将水能转化为电能的水力发电工程；为防止、控制洪水灾害的防洪工程；防止水质污染和水土流失，维护生态平衡的环境水利工程和水土保持工程；防止旱、渍、涝灾害而服务于农业生产的农田水利工程，即排水工程、灌溉工程；为工业和生活用水服务，排除、处理污水和雨水的城镇供、排水工程；改善和创建航运条件的港口、航道工程；增进、保护渔业生产的渔业水利工程；

满足交通运输需要、工农业生产的海涂围垦工程等。一项水利工程同时为发电、防洪、航运、灌溉等多种目标服务的水利工程，称为综合水利工程。我国正处在社会主义现代化建设的重要时期，为满足社会生产的能源需求及保证人民生命财产安全的需要，我国已进入大规模的水利工程开发阶段。水利工程给人类带来了巨大的经济、政治、文化效益。它具备防洪、发电、航运功能，对促进相关区域的社会、经济发展具有战略意义。水利工程引起的移民搬迁，促进了各民族间的经济、文化交流，有利于社会稳定。水利工程是文化的载体，大型水利工程所形成的共同的行为规则，促进了工程文化的发展，人类在治水过程中形成的哲学思想指导着水利工程实践。长期以来繁重的水利工程任务也对我国科学的水利工程管理产生了巨大的需求。

4.1.1 我国水利工程在国民经济和社会发展中的地位

我国是水利大国，水利工程是抵御洪涝灾害、保障水资源供给和改善水环境的基础建设工程，在国民经济中占有非常重要的地位。水利工程在防洪减灾、粮食安全、供水安全、生态建设等方面起到了很重要的保障作用，其公益性、基础性、战略性毋庸置疑。2011 年中央一号文件中提到“水利设施薄弱仍然是国家基础设施的明显短板”，并明确指出要“推动水利实现跨越式发展”。2011 年中央水利工作会议上，胡锦涛同志指出：“坚持政府主导，充分发挥公共财政对水利发展的保障作用，大幅度增加水利建设投资。”2014 年李克强总理在十二届全国人大二次会议上所作的政府工作报告中指出：“国家集中力量建设一批重大水利工程，今年拟安排中央预算内水利投资 700 多亿元，支持引水调水、骨干水源、江河湖泊治理、高效节水灌溉等重点项目。各地要加强中小型水利项目建设，解决好用水‘最后一公里’问题。”因而水利工程在促进经济发展，保持社会稳定，保障供水和粮食安全，提高人民生活水平，改善人居环境和生态环境等方面具有极其重要的作用。

我们国家向来重视水利工程的建设，治水历史源远流长，一部中华文明史也就是中国人民的治水史。古人云：治国先治水，有土才有邦。水利的发展直接影响到国家的发展，治水是个历史性难题。历史上著名的治水英雄有大禹、李冰、王景等。他们的治水思想都闪耀着中国古人的智慧光华，在治水方面取得了卓越的成绩。人类进入 21 世纪，科学技术日新月异，为了根治水患，各种水利工程也相继开建。特别是近十年来水利工程投资规模逐年加大，各地众多大型水利工程陆续上马，初步形成了防洪、排错、灌溉、供水、发电等工程体系。由此可见，水利工程是支持国民经济发展的基础，其对国民经济发展的支撑能力主要表现为满足国民经济发展的资源性水需求，提供生产、生活用水，提供水资源相关的经济活动基础，如航运、养殖等，同时为国民经济发展提供环境性用水需求，发挥净化污水、容纳污染物、缓冲污染物对生态环境冲击等作用。如以商品和服务划分，则水利工程为国民经济发展提供了经济商品、生态服务和环境服务等。

新中国成立以来，大规模水利工程建设取得了良好的社会效益和经济效益，水利事业的发展为经济发展和人民安居乐业提供了基本保障。

长期以来，洪水灾害是世界上许多国家都发生的严重自然灾害之一，也是中华民族的心腹之患。由于中国水文条件复杂，水资源时空分布不均，与生产力布局不相匹配。独特的国情水情决定了中国社会发展对科学的水利工程管理的需求，这包括防治水旱灾害的任务需求，中国是世界上水旱灾害最为频发和威胁最大的国家，水旱灾害几千年来始终是中华民族生存和发展的心腹之患；新中国成立后，国家投入大量人力、物力和财力对七大流域和各主要江河进行大规模治理。由于人类活动的长期影响，气候变化异常，水旱灾害交替发生，并呈现愈演愈烈的趋势。长期干旱，土地沙漠化现象日益严重，从而更加剧了干旱的形势。而中国又拥有世界上最多的人口，支撑的人口经济规模特别巨大，是世界第二大经济体，中国过去三十年创造了世界最快经济增长纪录，面临的生态压力巨大，中国生态环境状况整体脆弱，庞大的人口规模和高速经济增长导致生态环境系统持续恶化。随着人口的增长和城市化的快速发展，干旱造成的用水缺口将会不断增大，干旱风险及损失亦将持续上升。而水利工程在防洪减灾方面，随着经济社会的快速发展，水利建设进程加快，以三峡工程、南水北调工程为标志，一大批关系国计民生和经济发展的重点水利工程相继开工建设。我国已初步形成了大江大河大湖的防洪排错工程体系，有效地控制了常遇洪水，抗御了大洪水和特大洪水，减轻了洪涝灾害损失，特别是确保黄河的岁岁安澜。总的来看，七大江河现有的防洪工程对占全国的1/3 的人口，1/4 的耕地，包括京、津、沪在内的许多重要城市，以及国家重要的铁路、公路干线都起到了安全保障作用。

在支撑经济社会发展方面，大量蓄水、引水、提水工程有效提升了我国水资源的调控能力和城乡供水保障能力。1949 年到 2014 年，全国总供水量有显著增加。供水工程建设为国民经济发展、工农业生产、人民生活提供了必要的供水保障条件，发挥了重要的支撑作用。农村饮水安全人口、全国水电总装机容量、水电年发电量均有显著增加。因水利工程的建设以及科学的水利工程管理作用，全国水土流失综合治理面积也日益增加。

“十一五”期间，全国净增灌溉面积 5600 多万亩，改善灌溉面积 1.9 亿亩，新增节水能力 189 亿立方米。灌溉工程为农业发展特别是粮食稳产、高产创造了有利的前提条件，奠定了农业长期稳步发展的基础，巩固了农业在国民经济发展中的基础地位。在扶贫方面，大多数水利工程，特别是大型水利枢纽的建设地点多数选在高山峡谷、人烟稀少地区，水利枢纽的建设大大加速了地区经济和社会的发展进程，甚至会出现跨越式发展。另外，我国的小水电建设还解决了山区缺电问题，不仅促进了农村乡镇企业发展和产业结构调整，还加快了老少边穷地区农牧民脱贫致富。在保护生态环境方面，水利建设为改善环境做出了积极贡献，其中水土保持和小流域综合治理改善了生态环境，水力发电的发展减少了环境污染，为改善大气环境做出了贡献，农村小水电不仅解决了能源问题，还为实施封山育林、恢复植被等创造了条件，另外污水处理与回用、河湖保护与治理也有效地保护了生态环境。

水利工程之所以能够发挥如此重要的作用，与科学的水利工程管理密不可分。由此可见水利工程管理在我国国民经济和社会发展中占据十分重要的地位。

4.1.2 我国水利工程管理在工程管理中的地位

工程管理是指为实现预期目标，有效地利用资源，对工程所进行的决策、计划、组织、指挥、协调与控制，是对具有技术成分的活动进行计划、组织、资源分配以及指导和控制的科学和艺术。工程管理的对象和目标是工程，是指专业人员运用科学原理对自然资源进行改造的一系列过程，可为人类活动创造更多便利条件。工程建设需要应用物理、数学、生物等基础学科知识，并在生产生活实践中不断总结经验。水利工程管理作为工程管理理论和方法论体系中的重要组成部分，既有与一般专业工程管理相同的共性，又有与其他专业工程管理不同的特殊性，其工程的公益性（兼有经营性、安全性、生态性等特征），使水利工程管理在工程管理体系中占有独特的地位。水利工程管理又是生态管理、低碳管理和循环经济管理，是建设“两型”社会的必要手段，可以作为我国工程管理的重点和示范，对于我国转变经济发展方式、走可持续发展道路和建设创新型国家的影响深远。

水利工程管理是水利工程的生命线，贯穿于项目的始末，包含着对水利工程质量、安全、经济、适用、美观、实用等方面的科学、合理的管理，以充分发挥工程作用、提高使用效益。由于水利工程项目规模过大，施工条件比较艰难、涉及环节较多、服务范围较广、影响因素复杂、组成部分较多、功能系统较全，所以技术水平有待提高，在设计规划、地形勘测、现场管理、施工建筑阶段难免出现问题或纰漏。另外，由于水利设备长期处于水中作业受到外界压力、腐蚀、渗透、融冻等各方面影响，经过长时间的运作磨损速度较快，所以需要通过管理进行完善、修整、调试，以更好的进行工作，确保国家和人民生命与财产的安全，社会的进步与安定、经济的发展与繁荣，因此水利工程管理具有重要性和责任性。

4.2 我国水利工程管理对国民经济发展的推动作用

大规模水利工程建设可以取得良好的社会效益和经济效益，为经济发展和人民安居乐业提供基本保障，为国民经济健康发展提供有力支撑，水利工程是国民经济的基础性产业。大型水利工程是具有综合功能的工程，它具有巨大的防洪、发电、航运功能和一定的旅游、水产、引水和排涝等效益。它的建设对我国的华中、华东、西南三大地区的经济发展，促进相关区域的经济社会发展，具有重要的战略意义，对我国经济发展可产生深远的影响。大型水利工程将促进沿途城镇的合理布局与调整，使沿江原有城市规模扩大，促进新城镇的建立和发展、农村人口向城镇转移，使城镇人口上升，加快城镇化建设的进程。同时，科学的水利工程管理也与农业发展密切相关。而农业是国民经济的基础，建立起稳固的农业基础，首先要着力改善农业生产条件，促进农业发展。水利是农业的命脉，重点建设农田水利工程，优先发展农田灌溉是必然的选择。正是新中国成立之后的大规模农田水利建设，为我国粮食产量超过万亿斤，实现“十连增”奠定了基础。农田水利还为国家粮食安全保障做出巨大贡献，巩固了农业在国民经济中的基础地位，从而保证国民经济能够长期持续地健康发展以及社会的稳定和进步。经济发展和人民生活的改善都离不开水，水利工程为城乡经济发展、人民生活改善提供了必要的保障条件。科学的水利工程管理又为水利工程的完备建设提供了保障。

我国水利工程管理对国民经济发展的推动作用主要体现在如下两方面。

4.2.1 对转变经济发展方式和可持续发展的推动作用

可持续发展观是相对于传统发展观而提出的一种新的发展观。传统发展观以工业化程度来衡量经济社会的发展水平。自18世纪初工业革命开始以来，在长达200多年的受人称道的工业文明时代，借助科学技术革命的力量，大规模地开发自然资源，创造了巨大的物质财富和现代物质文明，同时也使全球生态环境和自然资源遭到了最严重的破坏。显然，工业文明相对于小生产的“农业文明”而言，是一个巨大飞跃。但它给人类社会与大自然带来了巨大的灾难和不可估量的负效应，带来生态环境严重破坏、自然资源日益枯竭、自然灾害泛滥、人与人的关系严重异化、人的本性丧失等。“人口爆炸、资源短缺、环境恶化、生态失衡”已成为困扰全人类的四大显性危机。面对传统发展观支配下的工业文明带来的巨大负效应和威胁，自20世纪30年代以来，世界各国的科学家们开始不断地发出警告，理论界苦苦求索，人类终于领悟了一种新的发展观——可持续发展观。

从水资源与社会、经济、环境的关系来看，水资源不仅是人类生存不可替代的一种宝贵资源，而且是经济发展不可缺少的一种物质基础，也是生态与环境维持正常状态的基础条件。因此，可持续发展，也就是要求社会、经济、资源、环境的协调发展。然而，随着人口的不断增长和社会经济的迅速发展，用水量也在不断增加，水资源的有限与社会经济发展、水与生态保护的矛盾愈来愈突出，例如出现的水资源短缺、水质恶化等问题。如果再按目前的趋势发展下去，水问题将更加突出，甚至对人类的威胁是灾难性的。

水利工程是我国全面建成小康社会和基本实现现代化宏伟战略目标的命脉、基础和安全保障。在传统的水利工程模式下，单纯依靠兴修工程防御洪水、依靠增加供水满足国民经济发展对于水的需求，这种通过消耗资源换取增长、牺牲环境谋取发展的方式，是一种粗放、扩张、外延型的增长方式。这种增长方式在支撑国民经济快速发展的同时，也付出了资源枯竭、环境污染、生态破坏的沉重代价，因而是不可持续的。

面对新的形势和任务，科学的水利工程管理利于制定合理规范的水资源利用方式。科学的水利工程管理有利于我国经济发展方式从粗放、扩张、外延型转变为集约、内涵型。且我国水利工程管理有利于开源节流、全面推进节水型社会建设，调节不合理需求，提高用水效率和效益，进而保障水资源的可持续利用与国民经济的可持续发展。再者其以提高水资源产出效率为目标，降低万元工业增加值用水量，提高工业水重复利用率，发展循环经济，为现代产业提供支撑。

当前，水资源供需矛盾突出仍然是可持续发展的主要瓶颈。马克思和恩格斯把人类的需要分成生存、享受和发展三个层次，从水利发展的需求角度就对应着安全性、经济性和舒适性三个层次。从世界范围的近现代治水实践来看，在水利事业发展面临的“两对矛盾”之中，通常优先处理水利发展与经济社会发展需求之间的矛盾。水利发展大体上可以由防灾减灾、水资源利用、水系景观整治、水资源保护和水生态修复五方面内容组成。以上五个方面之中，前三个方面主要是处理水利发展与经济社会系统之间的关系。后两个方面主要是处理水利发展与生态环境系统之间的关系。各种水利发展事项属于不同类别的需求。防灾减灾、饮水安全、灌溉用水等，主要是“安全性需求”；

生产供水、水电、水运等，主要是“经济性需求”；水系景观、水休闲娱乐、高品质用水，主要是“舒适性需求”；水环境保护和水生态修复，则安全性需求和舒适性需求兼而有之，这是生态环境系统的基础性特征决定的，比如，水源地保护和供水水质达标主要属于“安全性需求”，而更高的饮水水质标准如纯净水和直饮水的需求，则属于“舒适性需求”。水利发展需求的各个层次，很大程度上决定了水利发展供给的内容。无论是防洪安全、供水安全、水环境安全，还是景观整治、生态修复，这些都具有很强的公益性，均应纳入公共服务的范畴。这决定了水利发展供给主要提供的是公共服务，水利发展的本质是不断提高水利的公共服务能力。根据需求差异，公共服务可分为基础公共服务和发展公共服务。基础公共服务主要是满足“安全性”的全存需求，为社会公众提供从事生产、生活、发展和娱乐等活动都需要的基础性服务，如提供防洪抗旱、除涝、灌概等基础设施；发展公共服务是为满足社会发展需要所提供的各类服务，如城市供水、水力发电、城市景观建设等，更强调满足经济发展的需求及公众对舒适性的需求。一个社会存在各种各样的需求，水利发展需求也在其中。在经济社会发展的不同水平，水利发展需求在社会各种需求中的相对重要性在不断发生变化。随着经济的发展，水资源供需矛盾也日益突出。在水资源紧缺的同时，用水浪费严重，水资源利用效率较低。全国工业万元产值用水量 91 立方米，是发达国家的 10 倍以上，水的重复利用率仅为 40%，而发达国家已达 75% ~85%；农业灌溉用水有效利用系数只有 0.4 左右，而发达国家为 0.7 ~ 0.8；我国城市生活用水浪费也很严重，仅供水管网跑冒滴漏损失就达 20% 以上，家庭用水浪费现象也十分普遍。当前，解决水资源供需矛盾，必然需要依靠水利工程，而科学的水利工程管理是可持续发展的推动力。

4.2.2 对农业生产和农民生活水平提高的促进作用

水利工程管理是促进农业生产发展、提高农业综合生产能力的基本条件。农业是第一产业，民以食为天，农村生产的发展首先是以粮食为中心的农业综合生产能力的发展，而农业综合生产能力提高的关键在于农业水利工程的建设和管理，在一些地区农业水利工程管理十分落后，重建设轻管理，已经成为农业发展的瓶颈了。另外，加强农业水利工程管理有利于提高农民生活水平与质量。社会主义新农村建设的一个十分重要的目标就是增加农民收入，提高农民生活水平，而加强农村水利工程等基础设施建设和管理成为基本条件。如可以通过农村饮水工程保障农民饮水安全，通过供水工程的有效管理，可以带动农村环境卫生和个人条件的改善，降低各种流行疾病的发病率。

水利工程在国民经济发展中具有极其重要的作用，科学的水利工程管理会带动很多相关产业的发展。如农业灌溉、养殖、航运、发电等。水利工程使人类生生不息，且促进了社会文明的前进。从一定程度上讲，水利工程推动了现代产业的发展，若缺失了水利工程，也许社会就会停滞不前，人类的文明也将受到挑战。而科学的水利工程管理可推动各产业的发展。

科学的水利工程管理可推动农业的发展。“有收无收在于水、收多收少在于肥”的农谚道出了水利工程对粮食和农业生产的重要性。我国农业用水方式粗放，耕地缺少基本灌溉条件，现有灌区普遍存在标准低、配套差、老化失修等问题，严重影响农业稳定发展和国家粮食安全。近年来水利建设在保障和改善民生方面取得了重大进展，一些与人民群众生产生活密切相关的水利问题尤其是农村水利发展的问题与农民的生活息息相关。而完备的水利工程建设离不开科学的水利工程管理。首先，科学的水利工程管理，有利于解决灌溉问题，消除旱情灾害。农业生产主要追求粮食产量，以种植水稻、小麦、油菜为主，但是这些作物如果在没有水或者在水资源比较缺乏的情况下会极大地影响它们的产量，比如遇到大旱之年，农作物连命都保不住，哪还来的产量，可以说是颗粒无收，这样农民白白辛苦了一年的劳作将毁于一旦，收入更无从提起，农民本来就是以种庄稼为主，如今庄稼没了，这会给农民的经济带来巨大的损失，因此加强农田水利工程建设可以满足粮食作物的生长需要，解决了灌溉问题，消除了灾情的灾害，给农民也带来了可观的收益。其次，科学的水利工程管理有利于节约农田用水，减少农田灌溉用水损失。

在大涝之年农田通水不缺少的情况下，可以利用水利工程建设将多余的水积攒起来，以便日后需要时使用。另外，蔬菜、瓜果、苗木实施节水灌溉是促进农业结构调整的必要保障。加大农业节水力度、减少灌溉用水损失，有利于解决农业面的污染，有利于转变农业生产方式，有利于提高农业生产力。这就大大减少了水资源的不必要的浪费，起到了节约农田用水的目的。最后，科学的水利工程管理有利于减少农田的水土流失。大涝天气会引起农田水土流失，影响农村生态环境。当发生大涝灾害时，水土资源会受到极大的影响，肥沃的土地肥料会因洪涝的发生而减少，丰富的土质结构也会遭到破坏，农作物产量亦会随之减少。而科学的水利工程管理，促进渠道兴修，引水入海，利于减少农田水土流失。

4.2.3 对其他各产业发展的推动作用

水利工程建设和管理有效地带动和促进了其他产业如建材、冶金、机械、燃油等的发展，增加了就业的机会。据估算，万元水利投入可创造约1.0 ~1.2 个/人·年的就业机会，五年共创造1650万 ~2000万就业岗位。由于受保护区抗洪能力明显提高，人民群众生产生活的安全感和积极性大大增强，工农业生产成本大幅度降低，直接提高经济效益和人均收入，为当地招商引资和扩大再生产提供重要支撑，促进了工农业生产加速发展。根据2005年水利部重大科技项目《水利与国民经济协调发展研究》的分析，单位水利基建投资形成的国民财富和GDP直接收益是3.108元（前向效应），而为水利建设提供原材料和劳务输入部门获得的收益是0.497元（后向效应），合计为3.605元。即每投入水利基建1元，即可产生3.6元的国民财富，对GDP的拉动为1.9元。水利的前向效应远大于后向效应，表明水利投资对国民经济贡献大，水利应作为国家投资的重点。前向效应的大小顺序是防洪、供水、水电、灌溉、水土保持。如1999年水利投入占用产出和水利基建投资对就业的总效应和净效应分析表明，水利建设对建筑业每亿元总产出直接劳动力数为2590人，间接就业效应则要更大，就业总效应为12.12万人/亿元，远高于建材、冶金和机械等基础产业。

科学的水利工程管理可推动水产养殖业的发展。首先，科学的水利工程管理有利于改良农田水质。水产养殖受水质的影响很大，近年来，水污染带来的水环境恶化、水质破坏问题日益严重，水产养殖受此影响很大。而随着水产养殖业的发展，水源水质的标准要求也随之更加严格。当水源污染、水质破坏发生时，水产养殖业的发展就会受到影响。而科学的水利工程管理，有利于改良农田水质，促进水产养殖业的发展。其次，科学的水利工程管理有利于扩大鱼类及水生物生长环境，为渔业发展提供有利条件。如三峡工程建坝后，库区改变原来滩多急流型河道的生态环境，水面较天然河道增加近两倍，上游有机物质、营养盐将有部分滞留库区，库水湿度变肥、变清，有利于饵料生物和鱼类繁殖生长。冬季下游流量增大，鱼类越冬条件将有所改善。这些条件的改善，均利于推动水产养殖业的发展。

科学的水利工程管理可推动航运的发展。以三峡工程为例，据预测，川江下水运量到 2030 年将达到 5000 万吨。目前川江通过能力仅约 1000 万吨。主要原因是川江航道坡陡流急，在重庆至宜昌 660 公里航道上，落差 120 米，共有主要碍航滩险 139 处，单行控制段 46 处。三峡工程修建后，航运条件明显改善，万吨级船队可直达重庆，运输成本可降低 35% ~37% 。不修建三峡工程，虽可采取航道整治辅以出川铁路分流，满足 5000 万吨出川运量的要求，但工程量很大，且无法改善川江坡陡流急的现状，万吨级船队不能直达重庆，运输成本也难大幅度降低。而三峡水利工程的修建，推动了三峡附近区域的航运发展。而欲使三峡工程尽最大限度的发挥其航运作用，需对其予以科学的管理。故而科学的水利工程管理可推动航运的发展。

科学的水利工程管理还可为旅游业发展起到推动作用。水利工程的建设推动了各地沿河各种水景区景点的开发建设，科学的水利工程管理有助于水利工程旅游业的发展。水利工程旅游业的发展既可以发掘各地沿河水资源的潜在效益，带动沿线地方经济的发展，促进经济结构、产业结构的调整，也可以促进水生态环境的改善，美化净化城市环境，提高人民生活质量，并提高居民收入。由于水利工程旅游业涉及交通运输、住宿餐饮、导游等众多行业，依托水利工程旅游，可提高地方整体经济水平，并增加就业机会，甚至吸引更多劳动人口，进而推动旅游服务业的发展，提高居民的收入水平和生活标准。

科学的水利工程管理也有助于优化电能利用。科学的水利工程管理可促进水电资源的利用。据不完全统计，我国水电资源的使用率已从二十世纪八十年代的不足5%攀升到30%以上。现在，水电工程已成为维持整个国家电力需求正常供应的重要来源。而科学的水利工程管理有助于对水利电能的合理开发与利用。

4.3 我国水利工程管理对社会发展的推动作用

随着工业化和城镇化的不断发展，科学的水利工程管理有利于增强防灾减灾能力，强化水资源节约保护工作，扭转听天由命的水资源利用局面，进而推动社会的发展。

4.3.1 对社会稳定的作用

水利工程管理有利于构建科学的防洪体系，而科学的防洪体系可减轻洪水的灾害，保障人民生命财产安全和社会稳定。全国主要江河初步形成了以堤防、河道整治、水库、蓄滞洪区等为主的工程防洪体系，在抗御历年发生的洪水中发挥了重要作用，有利于社会稳定。

社会稳定首先涉及的是人与人、不同社会群体、不同社会组织之间的关系。这种关系的核心是利益关系，而利益关系与分配密切相关，利益分配是否合理，是社会稳定与否的关键。分配问题是个大问题。当前，中国的社会分配出现了很大的问题，分配不公和收入差距拉大已经成为不争的事实，是导致社会不稳定的基础性因素。而科学的水利工程管理，有利于水利工程的修建与维护，有利于提高水利工程沿岸居民的收入水平，有利于缩小贫富差距，改善分配不均的局面，进而有利于维护社会稳定。其次，科学的水利工程管理有助于构建社会稳定风险系统控制体系，从而将社会稳定风险降到最低，进而保障社会稳定。由于水利工程本来就是大型国家民生工程，其具有失事后果严重，损失大的特点，而水情又是难以控制的，一般水利工程都是根据百年一遇洪水设计，而无法排除是否会遇到更大设计流量的洪水。当更大流量洪水发生时，所造成的损失必然是巨大的，也必然会引发社会稳定问题，而科学的水利工程管理可将损失降到最小。同时水利工程的修建可能会造成大量移民，而这部分背井离乡的人是否能得到妥善安置也与社会稳定与否息息相关，此时必然得依靠科学的水利工程管理。

大型水利工程的移民促进了汉族与少数民族之间的经济、文化交流。促进了内地和西部少数民族的平等、团结、互助、合作、共同繁荣的谁也离不开谁的新型民族关系的形成。工程是文化的载体。而水利工程文化是其共同体在工程活动中所表现或体现出来的各种文化形态的集结或集合。水利工程在工程活动中则会形成共同的风格、共同的语言、共同的办事方法及其存在着共同的行为规则。作为规则，水利工程活动则包含着决策程序、审美取向、验收标准、环境和谐目标、建造目标、施工程序、操作守则、生产条例、劳动纪律等，这些规则促进了水利工程文化的发展，哲学家将其上升为哲理指导人们水利工程活动。李冰在修建都江堰水利工程的同时也修建了中华民族治水文化的丰碑，是中华民族治水哲学的升华。都江堰水利工程是一部水利工程科学全书：它包含系统工程学、流体力学、生态学，体现了尊重自然、顺应自然规律并把握其规律的哲学理念。它留下的“治水”三字经、八字真言如：“深淘滩、低作堰”“遇弯截角、逢正抽心”，至今仍是水利工程活动的主导哲学思想，其哲学思想促进了民族同胞的交流，促进民族大团结。再者，水利工程能发挥综合的经济效益，给社会经济的发展提供强大的清洁能源支持，为养殖、旅游、灌溉、防洪等提供条件，从而提高相关区域居民的物质生活条件，促进社会稳定。概括起来，水利工程管理对社会稳定的作用主要可以概括为：

第一，水利工程管理为社会提供了安全保障。水利工程最初的一个作用就是可以进行防洪，减少水患的发生。依据以往的资料记载，我国的洪水主要是发生在长江、黄河、松花江、珠江以及淮河等河流的中下游平原地区，水患的发生不仅仅影响到了社会经济的健康发展，同时对人民群众的安全也会造成一定的影响。通过在河流的上游进行水库的兴建，在河流的下游扩大排洪，使得这些河流的防洪能力得到了很好的提升。随着经济社会的快速发展，水利建设进程加快，以三峡工程、南水北调工程为标志，一大批关系国计民生的重点水利工程相继进入建设、使用和管理阶段。当前，我国已初步形成了大江大河大湖的防洪排错工程体系，有效地控制了常遇洪水，抗御了大洪水和特大洪水，减轻了洪错灾害损失，特别是确保黄河的岁岁安澜。总的来看，七大江河现有的防洪工程对占全国 1/3 的人口，1/4 的耕地，包括京、津、沪在内的许多重要城市，以及国家重要的铁路、公路干线都起到了安全保障作用。①

第二，水利工程管理有助于促进农业生产。水利工程对农业有着直接的影响，通过兴修水利，可以使得农田得到灌溉，农业生产的效率得到提升，促进农民丰产增收。灌溉工程为农业发展特别是粮食稳产、高产创造了有利的前提条件，奠定了农业长期稳步发展的基础，巩固了农业在国民经济发展中的基础地位。根据《大型灌区续配套和节水改造“十二五”规划》，到 2015 年，我国可完成 190 处大型、800 处重点中型灌区的续建配套与节水改造任务，启动实施 1500 处一般中型灌区节水改造。同时，在水土资源条件好、粮食增产潜力大的地区，科学规划，新建一批灌区，作为国家粮食后备产区，确保“十二五”期间净增农田有效灌溉面积 4000 万亩。虽然我国人口众多，但是因为水利工程的兴建与管理使得土地灌溉的面积大大的增加，这使得全国人民的基本口粮得到了满足，为解决 13 亿人口的穿衣吃饭问题立下不可代替的功劳。

第三，水利工程管理有助于提高城乡人民生产生活水平。大量蓄水、引水、提水工程有效提升了我国水资源的调控能力和城乡供水保障能力。1949 年到 2012 年，全国总供水量从 1031 亿立方米增加到 6131.2 亿立方米。② 水利工程管理向城乡提供清洁的水源，有效地推动了社会经济的健康发展，保障了人民群众的生活质量，也在一定程度上促进了经济和社会的健康发展。如兴凯湖饮水工程竣工之后，为黑龙江省鸡西市直接供水，解决了几百万人口和饮水问题，也为鸡西市的经济发展和创建旅游城市奠定了很好的基础。③ 另外，在扶贫方

① 中华人民共和国水利部 2013 年中国水利统计年鉴［M］. 北京：中国水利水电出版社，2013. 2－10

② 中华人民共和国水利部 2013 年中国水利统计年鉴［M］. 北京：中国水利水电出版社，2013. 2－1

③ 鹿冰. 水利工程对我国社会经济发展的促进作用［J］. 产业经济，2013（6）

面，大多数水利工程，特别是大型水利枢纽的建设地点多数选在高山峡谷、人烟稀少地区，水利枢纽的建设大大加速了地区经济和社会的发展进程，甚至会出现跨越式发展。我国的小水电建设还解决了山区缺电问题，不仅促进了农村乡镇企业发展和产业结构调整，还加快了老少边穷地区农牧民脱贫致富。

4.3.2 对和谐社会建设的推动作用

社会主义和谐社会是人类孜孜以求的一种美好社会，马克思主义政党不懈追求的一种社会理想。构建社会主义和谐社会，是我们党以马克思列宁主义、毛泽东思想、邓小平理论和“三个代表”重要思想为指导，全面贯彻落实科学发展观，从中国特色社会主义事业总体布局和全面建设小康社会全局出发提出的重大战略任务，反映了建设富强民主文明和谐的社会主义现代化国家的内在要求，体现了全党全国各族人民的共同愿望。人与自然的和谐关系是社会主义和谐社会的重要特征，人与水的关系是人与自然关系中最密切的关系。只有加强和谐社会建设，才能实现人水和谐，使人与自然和谐共处，促进水利工程建设可持续发展。水利工程发展与和谐社会建设具有十分密切的关系，水利工程发展是和谐社会建设的重要基础和有力支撑，有助于推动和谐社会建设。

水利工程活动与社会的发展紧密相连，和谐社会的构建离不开和谐的水利工程活动。树立当代水利工程观，增强其综合集成意识，有益于和谐社会的构建。从历史的视野来看，中西方文化对于人与自然的关系有着不同的理解。中国古代哲学主张人与自然和谐相处和“天人合一”，如都江堰水利工程则是“天人合一”的最高典范。自然是人类认识改造的对象，工程活动是人类改造自然的具体方式。传统的水利工程活动通常认为水利工程是改造自然的工具，人类可以向自然无限制的索取以满足人类的需要，这样就导致水利工程活动成为破坏人与自然关系的直接力量。在人类物质极其缺乏科技不发达时期，人类为满足生存的需要，这种水利工程观有其合理性。随着社会发展，社会系统与自然系统相互作用不断增强，水利工程活动不但对自然界造成影响，而且还会影响社会的运行发展。在水利工程活动过程中，会遇到各种不同的系统内外部客观规律的相互作用问题。如何处理它们之间的关系是水利工程研究的重要内容。因而，我们必须以当代和谐水利工程观为指导，树立水利工程综合集成意识，推动和谐社会的构建步伐。要使大型水利工程活动与和谐社会的要求相一致，就必须以当代水利工程观为指导协调社会规律、科学规律、生态规律，综合体现不同方面的要求，协调相互冲突的目标。摒弃传统的水利工程观念及其活动模式，探索当代水利工程观的问题，揭示大型水利工程与政治、经济、文化、社会、环境等相互作用的特点及其规律。在水利工程规划、设计、实施中，运用科学的水利工程管理，化冲突为和谐，为和谐社会的构建做出水利工程实践方面的贡献。

人与自然和谐相处是社会和谐的重要特征和基本保障，而水利是统筹人与自然和谐的关键。人与水的关系直接影响人与自然的关系，进而会影响人与人的关系、人与社会的关系。如果生态环境受到严重破坏、人民的生产生活环境恶化，如果资源能源供应高度紧张、经济发展与资源能源矛盾尖锐，人与人的和谐、人与社会的和谐就无法实现，建设和谐社会就无从谈起。科学的水利工程管理以可持续发展为目标，尊重自然、善待自然，保护自然，严格按自然经济规律办事，坚持防洪抗旱并举，兴利除害结合，开源节流并重，量水而行，以水定发展，在保护中开发，在开发中保护，按照优化开发、重点开发、限制开发和禁止开发的不同要求，明确不同河流或不同河段的功能定位，实行科学合理开发，强化生态保护。在约束水的同时，必须约束人的行为；在防止水对人的侵害的同时，更要防止人对水的侵害；在对水资源进行开发、利用、治理的同时，更加注重对水资源的配置、节约和保护；从无节制的开源趋利、以需定供转变为以供定需，由“高投入、高消耗、高排放、低效益”的粗放型增长方式向“低投入、低消耗、低排放、高效益”的集约型增长方式转变；由以往的经济增长为唯一目标，转变为经济增长与生态系统保护相协调，统筹考虑各种利弊得失，大力发展循环经济和清洁生产，优化经济结构，创新发展模式，节能降耗，保护环境；在以水利工程管理手段进一步规范和调节与水相关的人与人、人与社会的关系，实行自律式发展。科学的水利工程管理利于科学治水，在防洪减灾方面，给河流以空间，给洪水以出路，建立完善工程和非工程体系，合理利用雨洪资源，尽力减少灾害损失，保持社会稳定；在应对水资源短缺方面，协调好生活、生产、生态用水，全面建设节水型社会，大力提高水资源利用效率；在水土保持生态建设方面，加强预防、监督、治理和保护，充分发挥大自然的自我修复能力，改善生态环境；在水资源保护方面，加强水功能区管理，制定水源地保护监管的政策和标准，核定水域纳污能力和总量，严格排污权管理。依法限制排污，尽力保证人民群众饮水安全，进而推动和谐社会建设。概括起来，水利工程管理对和谐社会建设的作用可以概括如下：

第一，水利工程管理通过改变供电方式有利于经济、生态等多方面和谐发展。

水力发电已经成为我国电力系统十分重要的组成部分。新中国成立之后，一大批大中型的水利工程的建设为生产和生活提供大量的电力资源，极大地方便了人民群众的生产生活，也在一定程度上改变了我国过度依赖火力发电的局面，这也有利于环境的改善。我国不管是水电装机的容量还是水利工程的发电量，都处在世界前列。特别是农村小水电的建设有力地推动了农村地区乡镇企业的发展，为进行农产品的深加工、进行农田灌溉等做出了巨大的贡献。三峡工程、小浪底水利工程、二滩水利工程等一大批有着世界影响力的水利枢纽工程的建设，预示着我国水利发电的建设已经进入了一个十分重要的阶段。

第二，水利工程管理有助于保护生态环境，促进旅游等第三产业发展。

水利建设为改善环境做出了积极贡献，其中水土保持和小流域综合治理改善了生态环境，水力发电的发展减少了环境污染，为改善大气环境做出了贡献，农村小水电不仅解决了能源问题，还为实施封山育林、恢复植被等创造了条件，另外污水处理与回用、河湖保护与治理也有效地保护了生态环境。水利工程在建成之后，库区的风景区使得山色、瀑布、森林以及人文等紧密地融合在一起，呈现出一派山水林岛的和谐画面，是绝佳的旅游胜地。如：举世瞩目的三峡工程在建设之后，也成为一个十分著名的旅游景点，吸引了大量的游客前往参观，感受三峡工程的魅力，这在很大程度上促进了旅游收益的提升，增加了当地群众的经济收入。

第三，水利工程管理具有多种附加值，有利于推动航运等相关产业发展。

水利工程管理在对水利工程进行设计规划、建设施工、运营、养护等管理过程中，有助于发掘水利工程的其他附加值，如航运产业的快速发展。内河运输的一个十分重要的特点就是成本较低，通过进行水运可以增加运输量，降低运输的成本，满足交通发展的需要的同时促进经济的快速发展。水利工程的兴建与管理使得内河运输得到了发展，长江的“黄金水道”正是在水利工程的不断完善和兴建的基础之上得到发展和壮大的。

4.4 我国水利工程管理对生态文明的促进作用

生态文明是人类文明发展的一个新的阶段，即工业文明之后的文明形态；生态文明是人类遵循人、自然、社会和谐发展这一客观规律而取得的物质与精神成果的总和；生态文明是以人与自然、人与人、人与社会和谐共生、良性循环、全面发展、持续繁荣为基本宗旨的社会形态。它以尊重和维护生态环境为主旨，以可持续发展为根据，以未来人类的继续发展为着眼点。这种文明观强调人的自觉与自律，强调人与自然环境的相互依存、相互促进、共处共融。三百年的工业文明以人类征服自然为主要特征。世界工业化的发展使征服自然的文化达到极致；一系列全球性生态危机说明地球再没能力支持工业文明的继续发展。需要开创一个新的文明形态来延续人类的生存，这就是生态文明。如果说农业文明是黄色文明，工业文明是黑色文明，那生态文明就是绿色文明。生态，指生物之间以及生物与环境之间的相互关系与存在状态，亦即自然生态。自然生态有着自在自为的发展规律。人类社会改变了这种规律，把自然生态纳入到人类可以改造的范围之内，这就形成了文明。生态文明，是指人类遵循人、自然、社会和谐发展这一客观规律而取得的物质与精神成果的总和；是指人与自然、人与人、人与社会和谐共生、良性循环、全面发展、持续繁荣为基本宗旨的文化伦理形态。

生态文明是人类文明的一种形态，它以尊重和维护自然为前提，以人与人、人与自然、人与社会和谐共生为宗旨，以建立可持续的生产方式和消费方式为内涵，以引导人们走上持续、和谐的发展道路为着眼点。生态文明在刘惊铎的《生态体验论》中定义为从自然生态、类生态和内生态之三重生态圆融互摄的意义上反思人类的生存发展过程，系统思考和建构人类的生存方式。生态文明强调人的自觉与自律，强调人与自然环境的相互依存、相互促进、共处共融，既追求人与生态的和谐，也追求人与人的和谐，而且人与人的和谐是人与自然和谐的前提。可以说，生态文明是人类对传统文明形态特别是工业文明进行深刻反思的成果，是人类文明形态和文明发展理念、道路和模式的重大进步。

科学的水利工程管理可以转变传统的水利工程活动运转模式，使水利工程活动更加科学有序，同时促进生态文明建设。若没有科学的水利工程理念作指导，水利工程会对水生态系统造成某种胁迫，如水利工程会造成河流形态的均一化和不连续化，引起生物群落多样性水平下降。但科学合理的水利工程管理有助于减少这一现象的发生，尽量避免或减少水利工程所引起的一些后果。

若不考虑科学的水利工程管理，仅仅从水利工程出发，则势必会造成对生态的极大破坏。因为水利工程活动主要关注人对自然的改造与征服，忽视自然的自我恢复能力，忽略了过度的开发自然会造成自然对人类的报复，既不考虑水利工程对社会结构及变迁的影响，也不考虑社会对水利工程的促进与限制。且在水利工程的决策、运行与评估的过程中，只考虑人的社会活动规律与生态环境的外在约束条件，没将其视为水利工程活动的内在因素。但运用科学的水利工程管理，可形成科学的水利工程理念。此时水利工程考虑的不再仅仅是人对自然的征服改造，它是在科学发展观的基础上，协调人与自然的关系，工程活动既考虑当代人的需要又考虑到后代人的需求，是和谐的水利工程。运用科学水利工程管理理念的水利工程转变了传统水利工程的粗放发展方式。运用科学水利工程管理理念的水利工程活动是一种集约式的工程活动，与当代的经济发展模式相适应，其具备较完善的决策、实施、评估等相关系统。也会成为知识密集型、资源集约型的造物活动，具备更高的科技含量。再者，其在改造环境的同时保护环境，使生态环境能够可持续发展，将生态环境作为工程活动的外在约束条件，以生态因素作为水利工程的决策、运行、评估内在要素。

科学的水利工程管理对生态文明的促进作用主要体现在以下两方面。

4.4.1 对资源节约的促进作用

节约资源是保护生态环境的根本之策。节约资源意味着价值观念、生产方式、生活方式、行为方式、消费模式等多方面的变革，涉及各行各业，与每个企业、单位、家庭、个人都有关系，需要全民积极参与。必须利用各种方式在全社会广泛培育节约资源意识，大力倡导珍惜资源、节约资源风尚，明确确立和牢固树立节约资源理念，形成节约资源的社会共识和共同行动，全社会齐心合力共同建设资源节约型、环境友好型社会。资源是增加社会生产和改善居民生活的重要支撑，节约资源的目的并不是减少生产和降低居民消费水平，而是使生产相同数量的产品能够消耗更少的资源，或者用相同数量的资源能够生产更多的产品、创造更高的价值，使有限资源能更好满足人民群众物质文化生活需要。只有通过资源的高效利用，才能实现这个目标。因此，转变资源利用方式，推动资源高效利用，是节约利用资源的根本途径。要通过科技创新和技术进步深入挖掘资源利用效率，促进资源利用效率不断提升，真正实现资源高效利用，努力用最小的资源消耗支撑经济社会发展。科学的水利工程管理，有助于完善水资源管理制度，加强水源地保护和用水总量管理，加强用水总量控制和定额管理，制定和完善江河流域水量分配方案，推进水循环利用，建设节水型社会。科学的水利工程管理，可以促进水资源的高效利用，减少资源消耗。

我国经济社会快速发展和人民生活水平提高对水资源的需求与水资源时空分布不均以及水污染严重的矛盾，对建设资源节约型和环境友好型社会形成倒逼机制。人的命脉在田，在人口增长和耕地减少的情况下保障国家粮食安全对农田水利建设提出了更高的要求。水利工作需要正确处理经济社会发展和水资源的关系，全面考虑水的资源功能、环境功能和生态功能，对水资源进行合理开发、优化配置、全面节约和有效保护。水利面临的新问题需要有新的应对之策，而水利工程管理又是由问题倒逼而产生，同时又在不断解决问题中得以深化。

4.4.2 对环境保护的促进作用

从宇宙来看，地球是一个蔚蓝色的星球，地球的储水量是很丰富的，共有 14.5 亿立方千米之多，其 72% 的表面积覆盖水。但实际上，地球上 97.5% 的水是咸水，又咸又苦，不能饮用，不能灌溉，也很难在工业应用，能直接被人们生产和生活利用的，少得可怜，淡水仅有 2.5%。而在淡水中，将近 70% 冻结在南极和格陵兰的冰盖中，其余的大部分是土壤中的水分或是深层地下水，难以供人类开采使用。江河、湖泊、水库等来源的水较易于开采供人类直接使用，但其数量不足世界淡水的 1%，约占地球上全部水的 0.007%。全球淡水资源不仅短缺而且地区分布极不平衡。而我国又是一个干旱缺水严重的国家。淡水资源总量为 28000 亿立方米，占全球水资源的 6%，仅为世界平均水平的 1/4、美国的 1/5，在世界上名列 121 位，是全球 13 个人均水资源最贫乏的国家之一。扣除难以利用的洪水泾流和散布在偏远地区的地下水资源后，中国现实可利用的淡水资源量则更少，仅为 11000 亿立方米左右，人均可利用水资源量约为 900 立方米，并且其分布极不均衡。到 20 世纪末，全国 600 多座城市中，已有 400 多个城市存在供水不足问题，其中比较严重的缺水城市达 110 个，全国城市缺水总量为 60 亿立方米。其中北京市的人均占有水量为全世界人均占有水量的 1/13，连一些干旱的阿拉伯国家都不如。更糟糕的是我国水体水质总体上呈恶化趋势。北方地区“有河皆干，有水皆污”，南方许多重要河流、湖泊污染严重。水环境恶化，严重影响了我国经济社会的可持续发展。而科学的水利工程管理可以促进淡水资源的科学利用，加强水资源的保护。对环境保护起到促进性的作用。水利是现代化建设不可或缺的首要条件，是经济社会发展不可替代的基础支撑，当然也是生态环境改善不可分割的保障系统，其具有很强的公益性、基础性、战略性。

同时，科学的水利工程管理可以加快水力发电工程的建设，而水电又是一种清洁能源，水电的发展有助于减少污染物的排放，进而保护环境。水力发电相比于火力发电等传统发电模式在污染物排放方面有着得天独厚的优势，水力发电成本低，水力发电只是利用水流所携带的能量，无需再消耗其他动力资源，水力发电直接利用水能，几乎没有任何污染物排放。当前，大多数发达国家的水电开发率很高，有的国家甚至高达 90% 以上，而发展中国家的水电资源开发水平极低，一般在 10% 左右。中国水能资源开发也只达到百分之十几。水电是清洁、环保、可再生能源，可以减少污染物的排放量，改善空气质量；还可以通过“以电代柴”有效保护山林资源，提高森林覆盖率并且保持水土。

一般情况下，地区性气候状况受大气环流所控制，但修建大、中型水库及灌溉工程后，原先的陆地变成了水体或湿地，使局部地表空气变得较湿润，对局部小气候会产生一定的影响，主要表现在对降雨、气温、风和雾等气象因子的影响。而科学的水利工程管理就可对地区的气候施加影响，因时制宜，因地制宜，利于水土保持。而水土保持是生态建设的重要环节，也是资源开发和经济建设的基础工程，科学的水利工程管理，可以快速控制水土流失，提高水资源利用率，通过促进退耕还林还草及封禁保护，加快生态自我修复，实现生态环境的良性循环，改善生产、生活和交通条件，为开发创造良好的建设环境，对于环境保护具有重要的促进作用。

而大型水利工程通常既是一项具有巨大综合效益的水利枢纽工程，又是一项改造生态环境的工程。人工自然是人类为满足生存和发展需要而改造自然环境，建造一些生态环境工程。例如，三峡工程具有巨大的防洪效益，可以使荆江河段的防洪标准由十年一遇提高到百年一遇，即使遇到类似 1987 年的特大洪水，也可避免发生毁灭性灾害，这样就可以有效减免洪水灾害对长江中游富庶的江汉平原和洞庭湖区生态环境的严重破坏。最重要的是可以避免人口的大量伤亡，避免洪灾带来的饥荒、救灾赈济和灾民安置等一系列社会问题，可减免洪灾对人们心理上造成的威胁，减缓洞庭湖淤积速度，延长湖泊寿命，还可改善中下游枯水期的时间。三峡水电站每年发电 847 亿千瓦时，与火电相比，为国家节省大量原煤，可以有效地减轻对周围环境的污染，具有巨大的环境效益。每年可少排放上万吨二氧化碳，上百万吨二氧化硫，上万吨一氧化碳，37 万吨氨氧化合物，以及大量的废水、废渣；可减轻因有害气体的排放而引起酸雨的危害。三峡工程还可使长江中下游枯水季节的流量显著增大，有利于珍稀动物白鳍豚及其他鱼类安全越冬，减免因水浅而发生的意外死亡事故，还有利于减少长江口盐水上溯长度和入侵时间，减少上海市区人民吃“咸水”的时间，由此看来三峡工程的生态环境效益是巨大的。水生态系统作为生态环境系统的重要部分，在物质循环、生物多样性、自然资源供给和气候调节等方面起到举足轻重的作用。

4.4.3　对农村生态环境改善的促进作用

促进生态文明是现代社会发展的基本诉求之一，建设社会主义新农村也要实现村容整洁，就必须加强农业水利工程建设，统筹考虑水资源利用、水土流失与污染等一系列问题及其防治措施，实现保护和改善农村生态环境的目的。水利工程管理是现代农业建设不可或缺的首要条件，是经济社会发展不可替代的基础支撑，是生态环境改善不可分割的保障系统，具有很强的公益性、基础性、战略性。加快水利工程发展，不仅事关农业农村发展，而且事关经济社会发展全局；不仅关系到防洪安全、供水安全、粮食安全，而且关系到经济安全、生态安全、国家安全。要把水利工程管理工作摆上党和国家事业发展更加突出的位置，着力加快农田水利工程建设和管理，推动水利工程管理实现跨越式发展。

水利工程管理对农村生态环境改善的促进作用可以具体归纳以下几点：（1）解决旱涝灾害。水资源作为人类生存和发展的根本，具有不可替代的作用，但是对于我国而言，由于不同气候条件的影响，水资源的空间分布极不均匀，南方水资源丰富，在雨季常常出现洪涝灾害，而北方水资源相对不足，常见干旱，这两种情况都在很大程度上影响了农业生产的正常进行，影响着人们的日常生产和生活。而水利工程管理，可以有效解决我国水资源分布不均的问题，解决旱涝灾害，促进经济的持续健康发展，如南水北调工程，就是其中的代表性工程。

（2）改善局部生态环境。在经济发展的带动下，人们的生活水平不断提高，人口数量不断增加，对于资源和能源的需求也在不断提高，现有的资源已经无法满足人们的生产和生活需求。而通过水利工程的兴建和有效管理，不仅可以有效消除旱涝灾害，还可以对局部区域的生态环境进行改善，增加空气湿度，促进植被生长，为经济的发展提供良好的环境支持。（3）优化水文环境。水利工程管理，能够对水污染情况进行及时有效的治理，对河流的水质进行优化。以黄河为例，由于上游黄土高原的土地沙化现象日益严重，河流在经过时，会携带大量的泥沙，产生泥沙的淤积和拥堵现象，而通过兴修水利工程，利用蓄水、排水等操作，可以大大增加下游的水流速度，对泥沙进行排泄，保证河道的畅通。

4.5 我国水利工程管理与工程科技发展的互相推动作用

工程科技与人类生存息息相关。温故而知新。回顾人类文明历史，人类生存与社会生产力发展水平密切相关，而社会生产力发展的一个重要源头就是工程科技。工程造福人类，科技创造未来。工程科技是改变世界的重要力量，它源于生活需要，又归于生活之中。历史证明，工程科技创新驱动着历史车轮飞速旋转，为人类文明进步提供了不竭动力源泉，推动人类从蒙昧走向文明、从游牧文明走向农业文明、工业文明，走向信息化时代。新中国成立 60 多年特别是改革开放 30 多年来，中国经济社会快速发展，其中工程科技创新驱动功不可没。当今世界，科学技术作为第一生产力的作用愈益凸显，工程科技进步和创新对经济社会发展的主导作用更加突出。

4.5.1 水利工程管理对工程科技体系的影响和推动作用

古往今来，人类创造了无数令人惊叹的工程科技成果。古代工程科技创造的许多成果至今仍存在着，见证了人类文明编年史。如古埃及金字塔、古希腊帕提农神庙、古罗马斗兽场、印第安人太阳神庙、柬埔寨吴哥窟、印度泰姬陵等古代建筑奇迹，再如中国的造纸术、火药、印刷术、指南针等重大技术创造和万里长城、都江堰、京杭大运河等重大工程，都是当时人类文明形成的关键因素和重要标志，都对人类文明发展产生了重大影响，都对世界历史演进具有深远意义。中国是有着悠久历史的文明古国，中华民族是富有创新精神的民族。5000 年来，中国古代的工程科技是中华文明的重要组成部分，也为人类文明的进步做出了巨大贡献。

近代以来，工程科技更直接地把科学发现同产业发展联系在一起，成为经济社会发展的主要驱动力。每一次产业革命都同技术革命密不可分。18 世纪，蒸汽机引发了第一次产业革命，导致从手工劳动向动力机器生产转变的重大飞跃，使人类进入了机械化时代。19 世纪末至 20 世纪上半叶，电机和化工引发了第二次产业革命，使人类进入了电气化、核能、航空航天时代，极大提高了社会生产力和人类生活水平，缩小了国与国、地区与地区、人与人的空间和时间距离，地球变成了一个“村庄”。20 世纪下半叶，信息技术引发了第三次产业革命，使社会生产和消费从工业化向自动化、智能化转变，社会生产力再次大提高，劳动生产率再次大飞跃。工程科技的每一次重大突破，都会催发社会生产力的深刻变革，都会推动人类文明迈向新的更高的台阶。

中华人民共和国成立以来，中国大力推进工程科技发展，建立起独立的、比较完整的、有相当规模和较高技术水平的工业体系、农业体系、科学技术体系和国防体系，取得了一系列伟大的工程科技成就，为国家安全、经济发展、社会进步和民生改善提供了重要支撑，实现了向工业化、现代化的跨越发展。特别是改革开放 30 多年来，中国经济社会快速发展，其中工程科技创新驱动功不可没。“两弹一星”、载人航天、探月工程等一批重大工程科技成就，大幅度提升了中国的综合国力和国际地位。而科学的水利工程管理更是催生了三峡工程、南水北调等一大批重大水利工程建设成功，大幅度提升了中国的基础工业、制造业、新兴产业等领域创新能力和水平，推动了完整工程科技体系的构建进程。同时推动了农业科技、人口健康、资源环境、公共安全、防灾减灾等领域工程科技发展，大幅度提高了 13 亿多中国人的生活水平和质量。

4.5.2　水利工程对专业科技发展的推动作用

工程科技已经成为经济增长的主要动力，推动基础工业、制造业、新兴产业高速发展，支撑了一系列国家重大工程建设。科学的水利工程管理可以推动专业科技的发展。如三峡水利工程就发挥了巨大的综合作用，其超临界发电、水力发电等技术已达到世界先进水平。

改革开放后，我国经济社会发展取得了举世瞩目的成就，经济总量跃居世界第二，众多主要经济指标名列世界前列。但我们必须清醒地看到，虽然我国经济规模很大，但依然大而不强，我国经济增速很快，但依然快而不优。主要依靠资源等要素投入推动经济增长和规模扩张的粗放型发展方式是不可持续的。中国的发展正处在关键的战略转折点，实现科学发展、转变经济发展方式刻不容缓。而这最根本的是要依靠科技力量，提高自主创新能力，实施创新驱动发展战略，把发展从依靠资源、投资、低成本等要素驱动转变到依靠科技进步和人力资源优势上来。而水利工程的特殊性决定了加强技术管理势在必行。水利工程的特殊性主要表现在两个方面，一方面水利工程是我国各项基础建设中最为重要的基础项目，其关系到农业灌溉、关系到社会生产正常用水、关系到整个社会的安定，如果不重视技术管理，极有可能埋下技术隐患，使得水利工程质量出现问题。另一方面水利工程工程量大，施工中需要多个工种的协调作业，而且工期长，施工中容易受到各种自然和社会因素的制约。当然，水利工程技术要求较高，施工中会出现一些意想不到的技术难题，如果不做好充分的技术准备工作，极有可能导致施工的停滞。正是基于水利工程的这种特殊性，才可体现科学的水利工程管理的重要性，其可为水利工程施工的顺利进行和高质量的完工奠定基础。具体说来，水利工程管理对专业科技发展的推动作用如下：

水利工程安全管理信息系统。水利工程管理工作推动现场自动采集系统、远程传输系统的开发研制；中心站网络系统与综合数据库的建立及信息接收子系统、数据库管理子系统、安全评价子系统与信息服务子系统以及中央指挥站等的开发应用。

土石坝的养护与维修。土石坝所用材料是松散颗粒的，土粒间的连接强度低，抗剪能力小，颗粒间孔隙较大，因此易受到渗流、冲刷、沉降、冰冻、地震等的影响。在运用过程中常常会因渗流而产生渗透破坏和蓄水的大量损失；因沉降导致坝顶高程不够和产生裂缝；因抗剪能力小、边坡不够平缓、渗流等而产生滑坡；因土粒间连接力小，抗冲能力低，在风浪、降雨等作用下而造成坝坡的冲蚀、侵蚀和护坡的破坏，所以也不允许坝顶过水；因气温的剧烈变化而引起坝体土料冻胀和干缩等。故要求土石坝有稳定的坝身、合理的防渗体和排水体、坚固的护坡及适当的坝顶构造，并在运用过程中加强监测和维护。土石坝的各种破坏都有一定的发展过程，针对可能出现病害的形势和部位，加强检查，如在病害发展初期能够及时发现，并采取措施进行处理和养护，防止轻微缺陷的进一步扩展和各种不利因素对土石坝的过大损害，保证土石坝的安全，延长土石坝的使用年限。在检查中，经常会用到槽探、井探及注水检查法；甚低频电磁检查法（工作频率为 15 ~35 千赫，发射功率为 20 ~1000 千瓦）；同位素检查法（同位素示踪测速法、同位素稀释法和同位素示踪吸附法）。

混凝土坝及浆砌石坝的养护与维修。混凝土坝和浆砌石坝主要靠重力维持稳定，其抗滑稳定往往是坝体安全的关键，当地基存在软弱夹层或缺陷，在设计和施工中又未及时发现和妥善处理时，往往使坝体与地基抗滑稳定性不够，而成为最危险的病害。此外，由于温度变化、应力过大或不均匀沉陷，都可能使坝体产生裂缝，并沿裂缝产生渗漏。水利部于 1999 年颁布了有关混凝土坝养护修理规程。围绕混凝土建筑物修补加固设立了大量的科研课题，有关新材料、新工艺和新技术得到开发应用，取得了良好的效果。水下修补加固技术方面，水下不分散混凝土在众多工程中成功应用，水下裂缝、伸缩缝修补成套技术已研制成功，水下高性能快速密封堵漏灌浆材料得到成功应用。大面积防渗补强新材料、新技术方面，聚合物水泥砂浆作为防渗、防腐、防冻材料得到大范围推广应用，喷射钢纤维混凝土大面积防渗取得成功，新型水泥基渗透结晶防水材料在水工混凝土的防渗修补中得到应用。

碾压混凝土及面板胶结堆石筑坝技术。对于碾压混凝土坝，涉及结构设计的改进、材料配比的研究、施工方法的改进、温控方法及施工质量控制。在水利工程管理中，需要做好面板胶结堆石坝，集料级配及掺入料配合比的试验；做好胶结堆石料的耐久性、坝体可能的破坏形态及安全准则、坝体及其材料的动力特性、高坝坝体变形特性及对上游防渗体系的影响分析。此外，水利工程抗震技术、地震反应及安全监测、震害调查、抗震设计以及抗震加固技术也不断得到应用。

堤防崩岸机理分析、预报及处理技术。水利工程管理需要对崩岸形成的地质资料及河流地质作用、崩岸变形破坏机理、崩岸稳定性、崩岸监测及预报技术、崩岸防治及施工技术、崩岸预警抢险应急技术及决策支持系统进行分析和研究。

深覆盖层堤坝地基渗流控制技术。水利工程管理需要完善防渗体系、防渗效果检测技术，分析超深、超薄防渗墙防渗机理，开发质优价廉的新型防渗土工合成材料，开发适应大变形的高抗渗塑性混凝土。

水利工程老化及病险问题分析技术。在水利管理中，水利工程老化病害机理、堤防隐患探测技术与关键设备、病险堤坝安全评价与除险加固决策系统、堤坝渗流控制和加固关键技术、长效减压技术、堤坝防渗加固技术，已有堤坝防渗加固技术的完善与规范化都在推动专业工程科技的不断发展。

高边坡技术。在水利工程管理中，高边坡技术包括高边坡工程力学模型破坏机理和岩石力学参数，高边坡研究中的岩石水力学，高边坡稳定分析及评价技术，高边坡加固技术及施工工艺，高边坡监测技术，以及高边坡反馈设计理论和方法。

新型材料及新型结构。水利新型材料涉及新型混凝土外加剂与掺和料、自排水模板、各种新型防护材料、各种水上和水下修补新材料、各种土工合成新材料，以及用于灌浆的超细水泥等。

水利工程监测技术。工程监测在我国水利工程管理中发挥着重要作用，已成为工程设计、施工、运行管理中不可缺少的组成部分。高精度、耐久、强抗干扰的小量程钢弦式孔隙水压力计，智能型分布式自动化监测系统，水利工程中的光导纤维监测技术，大型水利工程泄水建筑物长期动态观测及数据分析评价方法，网络技术在水利工程监测系统中的应用，大坝工作与安全性态评价专家系统，堤防安全监测技术，水利工程工情与水情自动监测系统，高坝及超高坝的关键技术：设计参数，强度、变形及稳定计算，高速及超高速水力学等。在水利工程管理过程中主要用到观测方法和仪器设备的研制生产、监测设计、监测设备的埋设安装，数据的采集、传输和存储，资料的整理和分析，工程实测性态的分析评价等。主要涉及水工建筑物的变形观测、渗流观测、应力和温度观测、水流观测等。

水库管理。对工程进行维修养护，防止和延缓工程老化、库区淤积、自然和人为破坏，延长水库使用年限。及时掌握各种建筑物和设备的技术状况，了解水库实际蓄泄能力和有关河道的过水能力，收集水文气象资料的情报、预报以及防汛部门和各用水户的要求。要在库岸防护、水库控制运用、水库泥沙淤积的防治等方面进行技术推广与应用。

溢洪道的养护与维修。对于大多数水库来说，溢洪道泄洪机会不多，宣泄大流量洪水的机会则更少，有的几年甚至十几年才泄一次水。但是，由于还无法准确预报特大洪水的出现时间，故溢洪道每年都要做好宣泄最大洪水的预防和准备工作。溢洪道的泄洪能力主要取决于控制段能否通过设计流量，根据控制段的堰顶高程、溢流前缘总长、溢流时堰顶水头用一般水力学的堰流或孔流公式进行复核。而且需要全面掌握准确的水库集水面积、库容、地形、地质条件和来水来沙量等基本资料。

水闸的养护与修理。水闸多数修建在软土地基上，是一种既挡水又泄水的低水头水工建筑物，因而它在抗滑稳定、防渗、消能防冲及沉陷等方面都有其自身的工作特点。当土工建筑物发生渗漏、管涌时，一般采用上游堵截渗漏，下游反虑导渗的方法进行及时处理。根据情况采用开挖回填或灌浆方法处理。

渠系输水建筑物的养护与修理。渠系建筑物属于渠系配套建筑物，承担灌区或城市供水的输配水任务，按照用途可分为控制建筑物、交叉建筑物、输水建筑物、泄水建筑物、量水建筑物。输水建筑物输水流量、水位和流速常受水源条件、用水情况和渠系建筑物的状态发生较大而频繁的变化，灌溉渠道行水与停水受季节和降雨影响显著，维护和管理与此相适应。位于深水或地下的渠系建筑物，除要承受较大的山岩压力、渗透压力外，还要承受巨大的水头压力及高速水流的冲击作用力。在地面的建筑物又要经受温差作用、冻融作用、冻胀作用以及各种侵蚀作用，这些作用极易使建筑物发生破坏。此外，在一个工程中，渠系建筑物数量多，分布范围大，所处地形条件和水文地质条件复杂，受到自然破坏和人为破坏的因素较多，且交通运输不便，维修施工不便，对工程科技的要求较高。

水利水电工程设备的维护。在水电站、泵站、水闸、倒虹、船闸等水利工程中均涉及一些相关设备，设备已成为水利工程的主要组成部分，对水利工程效益的发挥和安全运行起着至关重要的作用。一是金属结构设备维护，金属结构是用型钢材料，经焊铆等工艺方法加工而成的结构体，在水闸、引水等工程中被广泛采用，有挡水类、输水类、拦污类及其他钢结构类型。一般钢结构在运行中要受水的冲刷、冲击、侵蚀、气蚀、振荡以及较大的水头压力等作用。这就需要对锈蚀、润滑等进行处理，需要在涂料保护、金属保护、外加电流阴极保护与涂料保护联合等技术进行开发。

防汛抢险。江河堤防和水库坝体作为挡水设施，在运用过程中由于受外界条件变化的作用，自身也发生相应结构的变化而形成缺陷，这样一到汛期，这些工程存在的隐患和缺陷都会暴露出来，一般险情主要有风浪冲击、洪水漫顶、散浸、陷坑、崩岸、管涌、漏洞、裂缝及堤坝溃决等。雨情、水情和枢纽工情的测报、预报准备等。包括测验设施和仪器、仪表的检修、校验，报讯传输系统的检修试机，水情自动测报系统的检查、测试，以及预报曲线图表、计算机软件程序、大屏幕显示系统与历史暴雨、洪水、工程变化对比资料准备等，保证汛情测报系统运转灵活，为防洪调度提供准确、及时的测报、预报资料和数据。

地下工程。在水利工程管理中，需要进行复杂地质环境下大型地下洞室群岩体地质模型的建立及地质超前预报，不均匀岩体围岩稳定力学模型及岩体力学作用，围岩结构关系，岩石力学参数确定及分析，强度及稳定性准则，应力场与渗流场的耦台，大型地下洞室群工程模型，洞室群布置优化，洞口边坡与洞室相互影响及其稳定性和变形破坏规律，地下洞室群施工顺序、施工技术优化，地下洞室围岩加固机理及效应，大型地下洞室群监测技术，隧洞盾构施工关键技术，岩爆的监测、预报及防治技术以及围岩大变形支护材料和控制技术。

4.5.3 科技运用对水利工程管理的推进作用

水利工程管理通过引进新技术、新设备，改造和替代现有设备，改善水利管理条件；加强自动监测系统建设，提高监测自动化程度；积极推进信息化建设，提升监测、预报和决策的现代化水平。引进新技术、新设备是水利工程能长期稳定带来经济效益的有效途径。在原有资源基础上，不断改善运行环境，做到具有创新性且有可行性，从而提高工程整体的运营能力，是未来水利工程管理的要求。

20 世纪 80 年代以前，水利工程管理基本处于人工管理模式，即根据人们长期工作的实践经验，借助常规的工具、机电设施和普通的通信手段，采取人工观测、手工操作等工作方式，处理工程管理的各类图表绘制、数据计算和文字编辑，发布水情、工情调度指令和启闭调节各类工程建筑物。到 90 年代初期，通信、计算机技术在水利工程管理中开始得到初步应用，但也只是作为一般的辅助工具，主要用于通信联络、文字编辑、图表绘制和打印输出，最多作些简单的编程计算，通信、计算机等先进技术未能得到全面普及和应用，其技术特性和系统效益不能得以充分发挥。

近几年，随着现代通信和计算机等技术的迅猛发展，以及水利信息化建设进程不断加快，水利工程管理开始由传统型的经验管理逐步转换为现代化管理。各级工程管理部门着手利用通信、计算机、程控交换、图文视讯和遥测遥控等现代技术，配置相应的硬、软件设施，先后建立通信传输、计算机网络、信息采集和视频监控等系统，实现水情、工情信息的实时采集，水工建筑物的自动控制，作业现场的远程监视，工程视讯异地会商及办公自动化等。具体来说，现代信息技术的应用对水利工程管理的推动作用如下：

物联网技术的应用：物联网技术是完成水利信息采集、传输以及处理的重要方法，也是我国水利信息化的标志。近几年来，伴随着物联网技术的日益发展，物联网技术在水利信息管理尤其是在水利资源建设中得到了广泛的应用并起到了决定性作用。截至目前，我国水利管理部已经完成了信息管理平台的构建和完善，用户想要查阅我国各地的水利信息，只要通过该平台就能完成。为了能够对基础水利信息动态实现实时把握，我国也加大了对基层水利管理部门的管理力度，给科学合理的决策提供了有效的信息资源。由于物联网具有快速传播的特点，水利管理部门对物联网水利信息管理系统的构建也不断加强。在水利管理服务中，物联网技术有以下两个作用，分别为在水利信息管理系统中的作用和对水利信息智能化处理作用。为了能够通过物联网对水利信息及时地掌握并制定有效措施，可以采用设置传感器节点以及 RFID 设备的方法，完成对水利信息的智能感应以及信息采集。所谓的智能处理，就是采用计算技术和数据利用对收集的信息进行处理，进而对水利信息加以管理和控制。气候变化、模拟出水资源的调度和市场发展等问题都可以采用云计算的方法，实现应用平台的构建和开发。水利工作视频会议、水利信息采集以及水利工程监控等工作中物联网技术都得到了广泛的综合应用。

遥感技术的应用：在水利信息管理中遥感技术也得到了广泛的应用。其获取信息原理就是通过地表物体反射电磁波和发射电磁波，实现对不同信息的采集。近几年，遥感技术也被广泛地应用到防洪、水利工程管理和水行政执法中。遥感技术在防洪抗旱过程中，能够借助遥感系统平台实现对灾区的监测，发生洪灾后，人工无法测量出受灾面积，遥感技术能够对灾区受灾面积以及洪水持续时间进行预测，并反馈出具体灾情情况以及图像，为决策部门提供了有效的决策依据。信息新技术的快速发展，遥感技术在水利信息管理中也有越来越重要的作用。在使用遥感技术获取数据时，还要求其他技术与其相结合，进行系统的对接，进而能够完成对水利信息数据的整合，充分体现了遥感技术集成化特点；遥感技术能够为水利工作者提供大量的数据，而且也能够根据数据制作图像。但是在使用遥感技术时，为了能够给决策者供应辅助决策，一定要对遥感系统进行专业化的模型分析，充分体现了遥感技术数字模型化特点；为了能够对数据收集、数据交换以及数据分析等做出科学准确的预测，使用遥感技术时，要设定统一的标准要求，充分体现了遥感技术标准化特点。

GIS 技术的应用：GIS 技术在水利信息管理服务中对水利信息自动化起到关键性作用。反映地理坐标是 GIS 技术最大的功能特点。由于其能够对水利资源所处的地形地貌等信息做出很好地反映，因此对我国水利信息准确位置的确定起到了决定性作用；GIS 技术可以在平台上将测站、水库以及水闸等水利信息进行专题信息展示；GIS 技术也能够对综合水情预报、人口财产和受灾面积等进行准确的定量估算分析；GIS 技术能够集成相关功能的模块及相关专业模型。其中集成功能模块主要包括数据库、信息服务以及图形库等功能性模块；集成相关专业模型包括水文预报、水库调度以及气象预报等。充分体现了GIS 技术基础地理信息管理、水利专题信息展示、统计分析功能运用以及系统集成功能的作用。GIS 技术在水利信息管理、水环境、防汛抗旱减灾、水资源管理以及水土保持等方面得到了广泛的应用，其应用能力也从原始的查询、检索和空间显示变成分析、决策、模拟以及预测。

GPS 技术的应用：GPS 技术引入水利工程管理中去，将使水利工程的管理工作变得非常方便。卫星定位系统其作用就是准确定位，它是在计算机技术和空间技术的基础上发展而来的。卫星定位技术一般都应用在抗洪抢险和防洪决策等水利信息管理工作中。卫星定位技术能够对发生险情的地理位置进行准确定位，进而给予灾区及时的救援。卫星定位系统在水利信息管理服务中有广泛应用，诸如 1998 年我国发生特大险情，就是通过卫星定位系统对灾区进行准确定位并进行及时救援，从而有效地控制了灾情，降低了灾害的持续发生。随着信息新技术的不断发展，卫星定位系统也与其他 RS 影像以及 GIS 平台等系统连接，进而被广泛应用到抗洪抢险工作中。采用该方法能够对灾区和险情进行准确定位，从而实施及时救援，降低了灾情的持续发展，保障了灾区人民的生命安全。

专栏 4－1：焦作黄河工程管理的科技进步

焦作黄河工程管理严格按照“以防洪安全为中心，加强科学管理，突出管理效益，深化管理体制改革，提高综合管理水平”的指导思想，积极推进“数字工管”建设，实现工程养护机械化，工程面貌得到极大改善，工程管理工作得到长足发展。

应用水利工程监测新技术。根据坝岸工程安全运行的需要，2004 年与清华大学、台湾新竹交通大学在武陟黄河老田庵控导工程联合实施黄河堤坝险情自动检测系统。该系统采用传感器、宽带无线接入、数字视频处理、IP数据通信和现代治河理论，提高工程维护管理决策水平。

大力推广技术改造和除险加固技术。针对堤顶道路的纵横向坡度较小，下雨时排水不畅，造成路面下陷、损坏等问题，进行了纵向排水槽与横向排水槽的组合、连接部分挡水堰的研究，率先在堤顶增设纵向排水沟，完善排水系统，达到了排水、蓄水浇灌堤防堤口树木的效果。

努力实现维修养护机械化。为适应现代化和施工工作的需要、减轻一线职工劳动强度，组织技术人员经过多年试验、多次改进，成功研制了多项工程管理专用设备。

积极推进"数字工管"建设。办公自动化系统、视频电话会议系统和防汛工管信息采集系统相继投入使用，接着又开通了电子政务系统，便捷高效的网络功能，使网上办公成为现实，大大提高了工管工作的效率。

综上所述，水工程管理与工程科技发展二者关系是相互依赖、相互依存的。在工程管理中，不能离开工程科技而单独搞管理，因为工程科技是管理的继续和实施，任何一种管理都离不开实施阶段，没有实施就没有效果，没有效果就等于管理失败，因此，离开工程科技，管理就不能进行。相反，也不能离开管理来单独搞技术，因为管理带动技术，技术只能通过管理才能发挥出来。没有管理做后盾，技术虽高也难以发挥，二者相互依存，缺一不可。随着水利工程在整个社会中重要性的逐渐突出，水利工程功能也要进一步拓展。这就使得水利工程的设计和施工技术要求也出现了相应的改变。水利施工必须要与时俱进，要不断采用新技术、新设备，提高施工水平。相比较传统的水利工程项目，现代化的水利施工更需要有强大的技术作支撑，科学的水利工程管理可推动专业科技的发展。

第 5 章　我国水利工程管理发展战略

尽管我国在水利工程管理领域取得了突出成绩，但是受我国水资源，特别是人均水资源禀赋特征的限制，相关工作仍需进一步强化推进。人多水少，水资源时空分布不均、与生产力布局不相匹配，水旱灾害频发，仍是我国的基本国情和水情，也是制约我国国民经济发展的主要因素。而随着经济社会不断发展，特别是基于近年来全球经济危机后续延续持续发酵及我国社会经济发展进入新常态的历史阶段，我国水安全呈现出新老问题相互交织的严峻形势，特别是水资源短缺、水生态损害、水环境污染等问题愈加突出，水利工程管理作为我国水利事业的基础，亟待进一步提升战略规划水平，从顶层设计、系统控制的视角出发，水利工程建设中和建成后的总体进程进行有效的科学管理，确保所有工作有条不紊地按计划推进、实施、竣工和维持长期运作，确保所有工程的规划、建设和运营有效达成战略规划目标，确保水利工程管理为国民经济发展提供可靠的基础支撑。同时，从管理科学学科发展及管理技术水平进步的动态视角看，水利工程管理所涉及的概念与类别、内涵与外延、手段和工具等是在人们长期实践的过程中逐渐形成的，随着时代的变化，管理的具体内容与方法也在不断充实和改进，在全球管理科学现代化的大背景下，在我国全面推进国家治理体系和治理能力现代化的改革目标要求下，也有必要针对我国水利工程管理的未来发展战略构建系统化和科学化的顶层设计。

5.1　我国水利工程管理的指导思想

我国水利工程管理必须以马克思列宁主义、毛泽东思想、邓小平理论、“三个代表”重要思想、科学发展观为指导，全面贯彻党的十八大，十八届三中、四中全会，五中全会、六中全会以及习近平总书记系列重要讲话精神，围绕“四个全面”战略布局，坚持社会主义市场经济改革方向，聚焦改革“总目标”，紧扣“六个紧紧围绕”改革主线，突出水利总体发展的战略导向、需求导向和问题导向，基于习近平总书记提出的“节水优先、空间均衡、系统治理、两手发力”的新时期水利工作方针，按照中央关于加快水利改革发展的总体部署，以保障国家水安全和大力发展民生水利为出发点，进一步解放思想、勇于创新，加快政府职能转变，发挥市场配置资源的决定性作用，着力推进水利重要领域和关键环节的改革攻坚，使水利发展更加充满活力、富有效率，让水利改革发展成果更多更公平惠及全体人民。

5.2　我国水利工程管理的基本原则

2011 年中央一号文件指出，我国水利工程管理的基本原则为：

（1）坚持民生优先。着力解决群众最关心最直接最现实的水利问题，推动民生水利新发展；

（2）坚持统筹兼顾。注重兴利除害结合、防灾减灾并重、治标治本兼顾，促进流域与区域、城市与农村、东中西部地区水利协调发展；

（3）坚持人水和谐。顺应自然规律和社会发展规律，合理开发、优化配置、全面节约、有效保护水资源；

（4）坚持政府主导。发挥公共财政对水利发展的保障作用，形成政府社会协同治水兴水合力；

（5）坚持改革创新。加快水利重点领域和关键环节改革攻坚，破解制约水利发展的体制机制障碍。

根据 2014 年水利部关于深化水利改革的指导意见，指出改革基本原则如下：

（1）深化水利改革，要处理好政府与市场的关系，坚持政府主导办水利，合理划分中央与地方事权，更大程度更广范围发挥市场机制作用；

（2）处理好顶层设计与实践探索的关系，科学制定水利改革方案，突出水利重要领域和关键环节的改革，充分发挥基层和群众的创造性；

（3）处理好整体推进与分类指导的关系，统筹推进各项水利改革，强化改革的综合配套和保障措施，区别不同地区不同情况，增强改革措施的针对性和有效性；

（4）处理好改革发展稳定的关系，把握好水利改革任务的轻重缓急和社会承受程度，广泛凝聚改革共识，提高改革决策的科学性。

由前后表述的细微变化看出，水利工程管理的指导原则更注重发挥市场机制的作用，更注重顶层设计理论指导与基层实践探索相互结合，更强调处理整体推进与分类指导的关系，更注重发挥群众的创造性，这既是前面指导精神的进一步延伸，也是结合不同的发展形势下的进一步深入细化。基于此，我们认为，新时期我国水利工程管理的基本原则应遵循：

（1）坚持把人民群众利益放在首位。把保障和改善民生作为工作的根本出发点和落脚点，使水利发展成果惠及广大人民群众。

（2）坚持科学统筹和高效利用。通过科学决策的置顶规划和系统推行的工作进程，把高效节约的用水理念和行动贯穿于经济社会发展和群众生活生产全过程，系统提升用水效率和综合效益。

（3）坚持目标约束和绩效管控。按照“以水四定”的社会经济发展理念，把水资源承载能力作为刚性约束目标，全面落实最严格水资源管理制度，并运用绩效管理办法将目标具体化到工作进程的各个环节，实现社会发展与水资源的协调均衡。

（4）坚持政府主导和市场协同。坚持政府在水利工程管理中的主导地位，充分发挥市场在资源配置中的决定性作用，合理规划和有序引导民间资本与政府合作的经营管理模式，充分调动市场的积极性和创造力。

（5）坚持深化改革和创新发展。全面深化水利改革，创新发展体制机制，加快完善水法规体系，注重科技创新的关键作用，着力加强水利信息化建设，力争在重大科学问题和关键技术方面取得新突破。

5.3　我国水利工程管理总体思路和战略框架

水利现代化是一个国家现代化的重要环节、保障和支撑，是一个需要进步发展的进程。它的建设标志着从传统的水利向现代的水利进行的一场变革。水利工程管理现代化适应了经济现代化、社会现代化、水利现代化的客观要求，它要求我们建立科学的水利工程管理体系。

首先，作为水利现代化的重要构成，水利工程管理的总体发展思路可归纳为以下几个核心基点：

（1）针对我国水利事业发展需要，建设高标准、高质量的水利工程设施。

（2）根据我国水利工程设施，研究制定科学的、先进的，适应市场经济体制的水利工程管理体系。

（3）针对工程设施及各级工程管理单位，建立一套高精尖的监控调度手段。

（4）打造出一支高素质、高水平、具有现代思想意识的管理团队。依据上述发展思路的核心基点，各级水利部门应紧紧把握水利改革发展战略机遇，推动中央决策部署落到实处，为经济社会长期平稳较快发展奠定更加坚实的水利基础。基于此，依据水利部现有战略框架和工作思路，水利工程管理应继续紧密围绕以下十个重点领域下足功夫着力开展工作，这就形成了水利工程管理的战略框架：

（1）立足推进科学发展，在搞好水利顶层设计上下功夫；

（2）不断完善治水思路，在转变水利发展方式上下功夫；

（3）践行以人为本理念，在保障和改善民生上下功夫；

（4）落实治水兴水政策，在健全水利投入机制上下功夫；

（5）围绕保障粮食安全，在强化农田水利建设上下功夫；

（6）着眼提升保障能力，在加快薄弱环节建设上下功夫；

（7）优化水资源配置，在推进河湖水系连通上下功夫；

（8）严格水资源管理，在全面建设节水型社会上下功夫；

（9）加强工程建设和运行管理，在构建良性机制上下功夫；

（10）强化行业能力建设，在夯实水利发展基础上下功夫。

5.4　我国水利工程管理发展战略设计

依据上述提出的我国水利工程管理的指导思路、基本原则、发展思路和战略框架，特别是党的十八大，十八届三中、四中全会，五中全会、六中全会的重要精神以及习近平总书记提出的“节水优先、空间均衡、系统治理、两手发力”水利发展总体战略思想，我们提出新时期中国水利工程管理发展战略的二十四字现代化方针：“顶层规划、系统治理、安全为基、生态先行、绩效约束、智慧模式。”

5.4.1 顶层规划，建立协调一致的现代化统筹战略

为适应新常态下我国社会经济发展的全新特征和未来趋势，水利工程管理必须首先建立统一的战略部署机制和平台系统，明确整个产业系统的置顶规划体系和行为准则，确保全行业具有明确化和一致性的战略发展目标，协调稳步的推进可持续发展路径。

在战略构架上要突出强调思想上统一认识，突出置顶性规划的重要性，高度重视系统性的规划工作，着眼于当前社会经济发展的新常态，放眼于未来“十三五”时期乃至更长远的发展阶段，立足于保障国民经济可持续发展和基础性民生需求，依托于整体与区位、资源与环境、平台与实体的多元化优势，建立具有长效性、前瞻性和可操作性的发展战略规划，通过科学制定的发展目标、规划路径和实施准则，推进水利工程管理的各项社会事业快速、健康、全面的发展。

在战略构架上要突出强调目标的明确性和一致性，建立统筹有序、协调一致的行业发展规划，配合国家宏观发展的战略决策以及水利系统发展的战略部署，明确水利工程管理的近期目标、中期目标、长期目标，突出不同阶段、不同区域的工作重点，确保未来的工作实施能够有的放矢、协同一致，高效管控和保障建设资金募集和使用的协调性和可持续性，最大限度发挥政策效应的合力，避免因目标不明确和行为不一致导致实际工作进程的曲折反复和输出效果的大起大落。

在战略布局上要突出强调多元化发展路径，为应对全球经济危机后续影响的持续发酵以及我国未来发展路径中可能的突发性问题，水利工程管理战略也应注重多元化发展目标和多业化发展模式，着力解决行业发展进程与国家宏观经济政策以及市场机制的双重协调性问题，顺应国家发展趋势，把握市场机遇，通过强化主营业务模式与拓展产业领域延伸的并举战略，提高行业防范和化解风险的能力。

在战略实施上要突出强调对重点问题的实施和管控方案，强调创新管理机制和人才发展战略，通过全行业的技术进步和效率提升，缓

解和消除行业发展的“瓶颈”，彻底改变传统“重建轻管”的水利建设发展模式，同时，发展、引进和运用科学的管理模式和管理技术，协调企业内部管控机构，灵活应对市场变化。通过管理创新和规范化的管理，使企业的市场开拓和经营活动由被动变为更加主动。

5.4.2 系统治理，侧重供给侧发力的现代化结构性战略

积极响应十八届三中全会《决定》关于“推进国家治理体系和治理能力现代化”的要求，加大水利工程管理重点领域和关键环节的改革攻坚力度，着力构建系统完备、科学规范、运行有效的管理体制和机制。坚持推广“以水定城、以水定地、以水定人、以水定产”的原则，树立“量水发展”“安全发展”理念，科学合理规划水资源总量性约束指标，充分保障生态用水。

把进一步深化改革放在首要位置，积极推进相关制度建设，全面落实各项改革举措，明晰管理权责，完善许可制度，推动平台建设，加强运行监管，创新投融资机制，完善建设基金管理制度，通过市场机制多渠道筹集资金，鼓励和引导社会资本参与水利工程建设运营。

按照“确有需要、生态安全、可以持续”的原则，在科学论证的前提下，加快推进重大水利工程的高质量管理进程，将先进的管理理念渗入水利基础设施、饮水安全工作、农田水利建设、河塘整治等各个工程建设环节，进一步强化薄弱环节管控，构建适应时代发展和人民群众需求的水安全保障体系，努力保障基本公共服务产品的持续性供给，保障国家粮食安全、经济安全和居民饮水安全、社会安全，突出抓好民生水利工程管理。

充分发挥市场在资源配置中的决定性作用，合理规划和有序引导民间资本与政府合作的经营管理模式，充分调动市场的积极性和创造力。同时注重创新的引领和辐射作用，推进相关政策的创新、试点和推广，稳步保障水利工程管理能力不断强化，积极促进水利工程管理体系再上新台阶。

5.4.3 安全为基，支撑国民经济的现代化保障性战略

水是生命之源、生产之要、生态之基。水利是现代化建设不可或

缺的首要条件，是经济社会发展不可替代的基础支撑，是生态环境保护不可分割的保障系统。水利工程管理战略应高度重视我国水安全形势，将“水安全”问题作为工程管理战略规划的基石，下大力气保障水资源需求的可持续供给，坚定不移地为国民经济的现代化提供切实保障。

水利工程应以资源利用为核心实行最严格水管理制度，全面推进节水型建设模式，着力促进经济社会发展与水资源承载能力相协调，以水资源开发利用控制、用水效率控制、水功能区限制纳污“三条红线”为基准建立定量化管理标准。

将水安全的考量范围扩展到防洪安全、供水安全、粮食安全、经济安全、生态安全、国家安全等系统性安全层次，确保在我国全面建成小康社会和全面深化改革的攻坚时期，全面落实中央水利工作方针、有效破解水资源紧缺问题、提升国家水安全保障能力、加快推进水利现代化，保障国家经济可持续发展。

5.4.4　生态先行，倡导节能环保的现代化可持续战略

认真审视并高度重视水利工程对生态环境的重要甚至决定性影响，确保未来水利工程管理理念必须以生态环境作为优先考量的视角，加强水生态文明建设，坚持保护优先、停止破坏与治理修复相结合，积极推进水生态文明建设步伐。

尽快建立、健全和完善相关的法律体系和行业管理制度，理顺监管体系、厘清职责权限，将水生态建设的一切事务纳入法治化轨道，组成“可持续发展”综合决策领导机构，行使讨论、研究和制订相应范围内的发展规划、战略决策，组织研制和实施中国水利生态现代化发展路径图。规划务必在深入调查的基础上，切实结合地域资源综合情况，量力而行，杜绝贪大求快，力求正确决策、系统规划、稳步和谐的健康发展。

努力协调完善机构机能，保证工程高质量运行。完善发展战略及重大建设项目立项、听证和审批程序。注重做好各方面、各领域环境动态调查监测、分析、预测，善于将科学、建设性的实施方案变为正确的和高效的管理决策，在实际工作中不仅仅以单纯的自然生态保护

作为考量标准，而是努力建立和完善社会生态体系的和谐共进，不失时机地提高综合社会生态体系决策体系的机构和功能。

从源头入手解决发展与环境的冲突，努力完成现代化模式的生态转型，实现水环境管理从“应急反应型”向“预防创新型”的战略转变。控制和降低新增的环境污染。继续实施污染治理和传统工业改造工程，清除历史遗留的环境污染。积极促进生态城市、生态城区、生态园区和生态农村建设。努力打造水利生态产业、水利环保产业和水利循环经济产业。着力实现水利生态发展与城市生态体系、工业生态体系以及农业生态体系的融合。

5.4.5 绩效约束，实现效益最大化的现代化管理战略

根据《中华人民共和国预算法》及财政部《中央级行政经费项目支出绩效考评管理办法（试行）》《中央部门预算支出绩效考评管理办法（试行）》以及国家有关财务规章制度，积极推进建立绩效约束机制，通过科学化、定量化的绩效目标和考核机制完善企业的现代化管理模式，以绩效目标为约束，以绩效指标为计量，确保行业和企业持续健康地沿效益最大化路径发展。

基于调查研究和科学论证，建立水利工程管理的绩效目标和相关指标，绩效目标突出对预算资金的预期产出和效果的综合反映，绩效指标强调对绩效目标的具体化和定量化，绩效目标和指标均能够符合客观实际，指向明确，具有合理性和可行性，且与实际任务和经费额度相匹配。绩效目标和绩效指标要综合考量财务、计划信息、人力资源部等多元绩效表现，并注重经济性、效率性和效益型的有机结合，组织编制预算，进行会计核算，按照预算目标进行支付；组织制定战略目标，对战略目标进行分解和过程控制，对经营结果进行分析和评判；设计绩效考核方案，组织绩效辅导，按照考核指标进行考核。

确保在“十三五”乃至未来更长的发展阶段实现绩效约束的管理战略的有序推进、深化拓展和不断完善，实现由从事后静态评估向事前的动态管理转换，由资金分配向企业发展转换，由主观判断向定量衡量转换，由单纯评价向价值创造转换，由个体评价向协同管理转换。倒逼责任到岗、权力归位，目标清晰、行动一致，以绩效约束的方式

实现现代化治理体系和管理能力，推进企业经济效益、社会效益的最大化。

5.4.6 智慧模式，促进跨越式发展的现代化创新战略

顺应世界发展大趋势，加速推进水利工程管理的智能化程度，打造水利工程的智慧发展模式，推动经济社会的重要变革。以“统筹规划、资源共享、面向应用、依托市场、深入创新，保障安全”为综合目标，以深化改革为核心动力，在水利工程领域努力实现信息、网络、应用、技术和产业的良性互动，通过高效能的信息采集处理、大数据挖掘、互联网模式以及物网融合技术，实现资源的优化配置和产业的智慧发展模式，最终实现水利工程高效的服务于国民经济，高效的惠及全体民众。

首先，加快建成水利工程管理的“信息高速公路”，以移动互联为主体，实现水利工程管理的全产业信息化途径，加快信息基础设施演进升级，实现宽带连接的大幅提速，探索下一代互联网技术革新和实际应用，建立水利工程管理的物联网体系，着力提升信息安全保障能力，促进“信息高速公路”搭载水利工程产业安全、高效的发展。

其次，创建水利工程的大数据经济新业态，加快开发、建设和实现大数据相关软件、数据库和规则体系，结合云计算技术与服务，加快水利工程管理数据采集、汇总与分析，基于现实应用提供具有水利行业特色的系统集成解决方案和数据分析服务，面向市场经济，利用产业发展引导社会资金和技术流向，加速推进大数据示范应用。

再次，打造水利工程管理的全新“互联网＋”发展模式。促进网络经济模式与实体产业发展的协调融合，基于互联网新型思维模式，推进业务模式创新和管理模式创新，积极新型管理运营业态和模式。促进产业技术升级，增加产业的供给效率和供给能力，利用互联网的精准营销技术，开创惠民服务机制，构建优质高效的公共服务信息平台。

最终，实现智能水利工程发展模式。基于信息技术革命、产业技术升级和管理理念创新，大力发展数据监测、处理、共享与分析，努力实现产业决策及行业解决方案的科学化和智能化。加快构建水利工

程管理的智慧化体系，完善智能水利工程的发展环境，面向水利工程管理对象以及社会经济服务对象，实现全产业链的智能检测、规划、建设、管理和服务。

5.5 我国水利工程管理发展的目标任务

水利工程及附属设施是水利行业赖以生存和发展的重要物质基础，水利工程管理现代化是水利现代化的重要组成部分，是国家推进人类文明、经济发展和社会进步过程中不可缺少的组成内容。经过不断实践与深入研究，水利工程管理现代化发展的目标可定义为：具有高标准的水利工程设施，拥有先进的调度控制手段，建立适应市场经济良性运行的管理模式和具备现代思想意识、现代技术水平的干部职工队伍。

进入21世纪以来，围绕水利现代化发展目标，水利行业积极推进水利工程管理现代化进程，并主要采取了以下措施：加大投入，采用新技术、新设备、新材料、新工艺，特别是采用了自动监控技术和信息化技术，进行水利工程除险加固或更新改造，提高防洪标准，改善了工程面貌；深化改革，进行水利工程管理单位分类定性、定员定岗，推进管养分离，落实管理与维修经费渠道，理顺水利管理体制，建立分配激励机制，提高单位管理效能；大力推进水利工程管理考核工作，以点带面促进整个行业的水利工程管理水平提高。然而，水利工程管理现代化建设是一个动态的发展过程，是一个深层次、多方位的变化过程，需要随着时代大环境和发展的深入程度而不断深入调整。

水利工程管理现代化评价标准尚未颁布。虽然一些水利工程自动化和信息化程度较高，获得了各种荣誉，但是不能认定其水利工程管理实现了现代化。水利工程管理现代化没有统一的评价标准，至少有两个原因：首先，水利工程管理现代化是与国民经济和社会发展、技术进步以及全民素质提高的历史阶段相适应的，用一个固定的标准来衡量不合适；其次，水利工程管理现代化建设需要建设资金、维修经费的高投入，这可以从国家级水利工程管理单位的达标经验看出。资金实力是最主要的因素，这导致有些地方的水行政主管部门和水利工程管理单位对于水利工程管理现代化“望而却步”。

而采取目标管理的方法，建立水利工程管理现代化发展目标；实现了发展目标，达到了管理效果，就可以认定水利工程管理单位实现了现代化。这可以从思想理念上解决水利工程管理现代化评价标准建立困难问题。

5.5.1　我国水利工程管理发展的目标

根据我国水利工程管理发展目标的现状，以及为实现我国形成较完善的工程管理目标体系，并且能够有效地完成我国水利工程发展战略的近期及中长期的目标，使得我国水利工程管理发展战略目标与经济社会发展基本相适应，水利工程管理得到比较科学、合理、高效的发展，使得我国工程管理实现良性循环。现把我国水利工程管理发展目标归纳如下：

（1）推行水利工程管理现代化目标管理的出发点

①目标管理，力求发挥水利工程的最大效益。从水利工程管理在国家和社会进步、行业发展过程中的作用角度来说，水利工程管理现代化发展目标是国家和社会对于水利工程管理者的基本要求，而现代化只是达到这个目标的技术手段，发展目标是不变的，而实现目标的现代化手段，是随着时代的发展可能不断变化。因此，有必要建立发展目标，根据管理效果进行目标管理。

②以人为本，合理分配人力资源，充分尊重人的全面发展。为适应时代发展，建立以人为本的水利工程现代化管理目标，合理分配人力资源，充分尊重人的全面发展，需要采取顺畅的“管养分离”的管理体制和有效的激励机制，采用最少的、适应水利工程管理技术素质要求的、具有良好职业道德的管理人员，进行检测观测、运行管理、安全管理等工作，达到管理的目标。

③经济节约，力求社会资源得到科学合理的利用。建设现代化的水利工程设施，需要高额投资、高额维护。各地建设情况及需求不同，需要因地制宜，根据不同的情况设立不同的管理目标要求，不能一刀切。如果以统一标准来要求，则可能带来盲目的达标升级，造成国家资源的浪费。当然，对于频繁运用的、安全责任重大的大中型流域性水利工程，建立自动控制、视频监视、信息管理系统，甚至采取在线

诊断技术，是非常必要的。对于很少运用的、安全责任相对较小的中小型区域性水利工程，则可以采取相对简单的控制技术，甚至无人值守。这可从国外发达国家的一些水利工程得到例证，他们采取的是相对简单的实用可靠的电子控制技术，甚至是原始的机械控制技术，同样达到管理的目标。因此不能说，简单实用的技术不属于水利工程管理现代化的内容。

（2）水利工程管理现代化发展目标的内涵

现代化的基础是规范化、制度化、科学化。水利工程管理单位必须按照相关的法律法规、行业规章以及技术标准，最主要的是水利部颁发的水利工程管理考核办法及各类水利工程考核标准，理顺管理体制，建立完善的内部运行机制，规范开展各项基础性的技术管理工作。在此基础上，水利工程管理应实现如下管理目标，也就是现代化发展目标。

①水利工程达到设计标准，安全、可靠、耐久、经济，有文化品位。这主要是由工程建设决定的，不管流域性、区域性，还是部管、省管、市县管工程，都要达到设计标准，具备一定的经济寿命，并保持良好的环境面貌，有一定的文化品位，是最基本的要求。至于采用何种最先进的控制技术和设备进行建设，与环境、投资等多种因素有关，与管理目标没有必然的因果关系。有的新工程、新设备的安全、耐久性能未必比19世纪五六十年代的好。这与转型时期人们一切为了经济效益的“浮躁”思想有关：一方面追求“现代化”，技术确实先进了；一方面追求经济效益，但制造质量降低了。这需要慎重对待，尤其对于新技术、新设备、新材料、新工艺的应用，切不可贪图技术先进，而给后期水利工程管理带来持续的“麻烦”。外表再漂亮，内部不安全、不耐久，这肯定不是管理现代化的发展目标。

②各类工程设备具备良好的安全性能，运用时安全高效，发挥应有的设计效益。各类工程设备必须具备良好的安全性能，以便运用时安全高效，同时发挥出应有的设计效益，这与管理水平密切相关，进行规范的检查观测、维修养护，可以掌握并保持设备良好的安全性能，能够灵活自如的运用，再加上规范的运行管理、安全管理，可以保证工程发挥防洪、灌溉、供水、发电等各项功能。这是水利工程管理现

代化最重要的目标。

③坚持公平和效率原则，管理队伍思想稳定，人尽其职，个人能力得到充分发挥。管理人员是水利工程管理现代化实现的基本保证，强调人的全面发展是人类社会可持续发展的必然要求。传统的水利管理单位管理模式往往存在机构臃肿、人员冗余等问题，干事的、混事的相互影响，再加上缺乏必要的公平的分配、激励机制往往导致管理效率不高。管养分离后的水利管理单位多为事业单位，内部人员相对精干，管理效能相对较高，是符合历史进步的先进管理体制。

（3）推行水利工程管理现代化目标管理的途径

①各级水行政主管部门围绕发展目标落实管理任务。明确水利工程管理现代化发展目标后，各级水行政主管部门可以将其落实到所管的水利工程管理单位的发展任务中。通过统筹规划、组织领导、考核奖惩等措施，可整体推进地区水利工程管理现代化建设，提高地方水利工程管理现代化水平。从经济、实用角度，可对新建的水利工程的现代化控制手段提出指导性意见，尽量使用性价比高的可靠实用的标准化技术。使水利工程管理所需的维修、管理经费足额到位，为水利工程管理现代化建设创造基础条件。

②水利工程管理单位围绕发展目标推进现代化建设。水利工程管理单位应采取科学的管理手段，建立务实高效的内部运行机制，调动管理人员的积极性，努力发挥其创造性。将水利工程管理现代化建设各项具体任务的目标要求落实到人，并进行目标管理考核与奖惩。要建立以应急预案为核心的安全组织管理体系，确保水利工程安全运用，充分发挥效益，提高管理水平，保持单位和谐稳定。

（4）推行水利工程管理现代化目标管理的重要意义

①符合现代水利治水思路的要求。现代水利的内涵包括四个方面，安全水利、资源水利、生态水利、民生水利。这同样是从国家和社会对于水利行业的要求角度提出的，也就是水利现代化的发展目标。对于水利工程管理单位来讲，达到管理现代化发展目标，就能满足保障防洪安全、保护水资源、改善生态、服务民生的目的。因此，推行水利工程管理现代化目标管理，是贯彻落实新时期治水思路的基本要求。

②符合水利工程管理考核的要求。水利行业正在推行的水利工程管理考核工作，是对水利工程管理单位管理水平的重要评价方法。该考核涉及水闸、水库、河道、泵站等水利工程，采用千分制，包括组织管理、安全管理、运行管理、组织管理四个方面，进行定量的评价，其中管理现代化部分占 5%。应该说，得分 920 分以上、各类别得分率不低于 85% 的通过水利部考核的国家级水利工程管理单位，代表全国水利工程管理最高水平，可以将其定性为实现了水利工程管理现代化，或者至少可以认定其水利工程管理现代化水平较高。而建立水利工程管理现代化发展目标，与水利工程管理考核的目标管理思路保持一致，也是来源于对水利工程管理考核标准的深入理解和实践检验。由此，水利工程管理考核标准可认为是水利工程管理现代化的评价标准之一；推行水利工程管理现代化目标管理，符合水利行业对于水利工程管理考核的要求。

③符合水利行业实际发展的要求。我国水利工程管理单位众多，如果以较为超前的自动监控、信息管理等技术要求，作为水利工程管理现代化评价指标，则可能形成大家过分追求水利工程设施、监控手段、人员素质的现代化的现象。国家不可能投入“达标”所需要的巨额资金，全国水利工程管理单位必然会拖国家及地方现代化的后腿，这不利于行业的发展与进步。而建立水利工程管理现代化发展目标，回避技术手段现代化问题，并实行实事求是的目标管理，则水利工程管理单位将会把工作重点放在内部规范化、制度化、科学化管理上，既有利于保障水利工程效益的最大限度发挥，也有利于上级主管部门对其实行的水利工程管理现代化考核。

从主管部门考核角度上讲，本文提出的水利工程管理现代化发展目标也属于现代化的评价指标，只是与传统的过程评价思路不同，而采用管理效果考核。这在一定程度上丰富了水利工程管理现代化的内涵，便于水利行业实际操作。

我国预计要在 2020 年全面建成小康社会，在 21 世纪中叶基本实现现代化，水利工程管理也需要跟上时代的步伐。除了要搞好水利工程的建设之外，还需要以健全的管理体制机制为保证，以“兼管并重，重在管理”方针为指导，做好水利工程全面建设的工作，保证管理体制运行正常，实现水利工程管理的科学化、规范化、法治化、社会化。因此，我们要做到水利工程管理现代化建设与国家现代化相呼应，抓好重点，突出难点，循序渐进。结合地方差异，要因地制宜，城乡统筹，加快进程，分步实施。同时要坚持深化改革，注入活力，开创新蓝图的原则，去借鉴国外发达国家的成功经验，结合我国具体国情来施行具有现代化意义的科学管理模式。

5.5.2 我国水利工程管理发展的主要任务

2015 年 5 月 15 日矫勇副部长在全国水利建设与管理工作座谈会上指出，2014 年全国水利建设投资规模再创历史新高，达到 4881 亿元，重大水利工程建设提速，民生水利工程取得新进展；年度改革任务全面完成，在水利建设管理、运行管理、河湖管理改革创新方面取得积极进展；行业监管措施不断强化，水利建设与管理制度体系和督导检查机制进一步健全完善，水利建设市场秩序进一步规范；社会管理能力显著增强，水利建设市场监管、河湖水域岸线管理能力和手段不断增强。但新形势对水利建设与管理工作提出了新的要求和任务。

在现阶段，结合我国水利发展现状及发展目标，可以明确我国水利工程管理的主要任务如下：

（1）全力保障加快重大水利工程建设

深入理解和把握我国水安全形势，基于“节水优先、空间均衡、系统治理、两手发力”的战略思想，按照“确有需要、生态安全、可以持续”的原则，当前水利工程管理应重点围绕影响国民经济的重大水利工程建设项目，集中力量进行科学论证和系统优化，着力保障我国水安全，促进国民经济协调稳步的发展。

（2）切实保障水利工程和项目运行的质量安全

要进一步明确参建各方的质量责任，建立责任追究制度，落实质量终身责任制，强化政府质量监督，组织开展好水利建设质量工作考核，全力保障水利工程建设质量。要加强监督检查，组织开展安全隐患大排查，落实各项安全度汛措施，保障水利工程建设安全。要继续推进大中型水管单位改革，积极推进小型水利工程管理体制改革，落实水库大坝安全管理责任制，加强应急管理和日常监管，严格控制运用，保障水利工程运行安全。

（3）推进水利工程建设管理体制改革

进一步完善相关法律法规，做到各项工作有法可依。明确中央和地方的职权机制，形成统筹规划、系统实施和责权明确的现代化管理机制。严格执行建设项目法人责任制、招标投标制、建设监理制、合同管理制，推行水利工程建设项目代建制。因地制宜推行水利工程项目法人招标、代建制、设计施工总承包等模式，实行专业化社会化建设管理，探索建立决策、执行和监督相制衡的建设管理体制。要继续加快行政管理职能转变，推进简政放权，强化放管结合，提升服务水平。要规范改进市场监管，积极构建统一开放、竞争有序、诚信守法、监管有力的水利建设市场体系。要加强河湖管理和保护，建立健全“源头严防、过程严管、后果严惩”的体制机制，推进生态文明建设。

（4）深化水利工程管理机制的创新模式

创新水利工程管理方式，鼓励水管单位承担新建项目管理职责，探索水利工程集中管理模式，探索水利工程物业化管理，探索水利债务的证券化途径，探索水利工程管理和运营的私营与政府合作经营（PPP）模式。积极推进水利工程管养分离，通过政府购买服务方式，由专业化队伍承担工程维修养护和河湖管护。健全水利工程运行维护和河湖管护经费保障机制，消除传统“重建轻管”和运营资金不可持续的无效管理模式。全面推进小型水利工程管理体制改革，明确工程所有权和使用权，落实管护主体、责任和经费，促进水利工程良性运行。

（5）着力加强建设与管理廉政风险防控

相关各级部门要在作风建设上下功夫、在完善制度上下功夫、在强化监管上下功夫，始终保持对水利建设管理领域腐败问题的高压态势。改进水行政审批和监管方式，简化审批程序，优化审批流程，加强行业指导和事中事后监管。推进投资项目涉水行政审批事项分类合并实施。建立健全水利行政审批在线监管平台，实现水利审批事项在线申报办理和信息发布共享，建立健全守信激励和失信惩戒机制，推进协同联动监管。

5.6　水利工程管理体系的发展与完善

5.6.1　从流程分的水利工程管理体系

（1）水利工程决策、设计规划管理

规划是水利建设的基础。中央一号文件和其他相关政策都把加强水利建设放在非常重要的位置，要求“抓紧编制和完善县级水利建设规划，整体推进水利工程建设和管理”。各地结合自身实际，充分了解并尊重群众意愿，认真分析问题，仔细查找差距，找准目标定位，依托地区水利建设发展整体规划，从农民群众最关心、要求最迫切、最容易见效的事情抓起，以效益定工程，突出重点，从技术、管理等多个层面确保规划质量。水利规划思路清晰，任务明确，建设标准严格，有计划、有步骤，分阶段、分层次地推进水利建设工作，编制完成切实可行的水利规划并得到组织实施。在规划编制中应充分考虑水资源的承载能力，考虑水资源的节约、配置和保护之间的平衡；应把农村和农民的需要放在优先位置解决；应加强规划的权威性，规划的编制应尊重行业领导和专业意见，广泛征求各方面意见，按程序进行审批后加强规划执行的监管，提高规划权威性。

在水利建设前期，根据国家总体规划及流域的综合规划，提出项目建议书、可行性研究报告和初步设计，并进行科学决策。当建设项目的初步设计文件得到批准后，同时项目资金来源也基本落实，进行主体工程招标设计、组织招标工作及现场施工准备。项目法人向主管部门提出主体工程开工申请报告，经过审批后才能正式开工。提出申请报告前，须具备以下条件：前期工程各阶段文件已按规定批准，施工详图设计可以满足初期主体工程施工需要；建设项目已列入年度计划，年度建设资金来源已落实；主体工程招标已经决标，工程承包合同已经签订，并得到主管部门同意；现场施工准备和征地移民等建设外部条件能够满足主体工程开工需要。

根据水利工程建设项目性质和类别的不同，确定不同的项目法人组建模式和项目法人职责。经营性和具备自收自支条件的准公益性水利工程建设项目，按照现代企业制度的要求，组建企业性质的项目法人，对项目的策划、筹资、建设、运营、债务偿还及资产的保值增值全过程负责，自主经营，自负盈亏。公益性和不具备自收自支条件的准公益性水利工程建设项目，按照“建管合一”的要求，组建事业性质的项目法人，由项目法人负责工程建设和运行管理，或委托专业化建设管理单位，行使建设期项目法人职责，对项目建设的质量、安全、进度和资金管理负责，建成后移交运行管理单位。项目法人的组建应按规定履行审批和备案程序。水行政主管部门对项目法人进行考核，建立激励约束机制，加强对项目法人的监督管理。结合水利建设实际，积极创新建设管理模式，有条件的项目可实行代建制、设计施工总承包、BOT（建设—经营—移交）等模式。

（2）水利工程建设（施工）管理

水利建设直接投资和间接投资都呈逐年增加的态势，中央财政通过预算内固定资产投资和财政专项资金等多种渠道，统筹安排各类水利建设资金 1329 亿元，初步形成了有效推动水利建设的政策体系，安排小型水利设施建设补助专项资金 169 亿元，采取“政府引导、民办公助、以奖代补”等方式，支持灌区末级渠道和田间工程建设，加大对山丘区“五小水利”工程建设投入，鼓励和引导民间资本参与水利建设。安排中央固定资产投资 341.4 亿元，支持大型灌区续建配套和节水改造。安排农业综合开发资金约 338 亿元，重点支持中低产田改造、高标准农田示范工程建设、中型灌区节水配套改造。补充从土地出让收益中计提的水利建设资金。

在中央投资的带动下，不少地方加大了水利建设投入。多数地区配套资金及时到位，确保中央水利项目工程顺利完工，并已开始发挥效益。四川省政府规定不低于土地出让收益的 15% 计提农业土地开发资金，其中 15% 由省统筹用于水利基础设施建设；陕西省从 2006 年起，每年从新增建设用地有偿使用费中拿出 1 亿元，设立了省级小型水利基本建设补助资金。内蒙古连续 10 年实行以奖代补政策，用 1 亿元带动了地方和农民近 30 亿元的水利投入。水利建设体制和管理机制改革进一步深化。内蒙古鄂尔多斯通过水权转换带动用水企业投资 7 亿元；吉林省有 60 个县（市、区）制定了水管体制改革实施方案，320 个单位确定了相应的编制和经费。各地大力推广用水户参与式管理制度，鼓励和扶持成立农民用水户协会。明确各级政策和水利主管部门对水利建设的职责。

在水利项目管理上，积极推行规划许可制、竞争立项制、专家评审制、绩效考核制，确保决策的科学性。在建设过程中，项目法人要充分发挥主导作用，协调设计、监理、施工单位及地方等多方的关系，实现目标管理。严格履行合同，具体包括：①项目建设单位建立了现场协调或调度制度。及时研究解决设计、施工的关键技术问题。从整体效益出发，认真履行合同，积极处理好工程建设各方的关系，为施工创造良好的外部条件。②监理单位受项目建设单位委托，按合同规定在现场从事组织、管理、协调、监督工作。同时，监理单位站在独立公正的立场上，协调建设单位与设计、施工等单位之间的关系。③设计单位应按合同及时提供施工详图，并确保设计质量。按工程规模，派出设计代表组进驻施工现场解决施工中出现的设计问题。施工详图经监理单位审核后交施工单位施工。设计单位对不涉及重大设计原则问题的合理意见应当采纳并修改设计。若有分歧意见，由建设单位决定。如涉及初步设计重大变更问题，应由原初步设计批准部门审定。④施工企业加强管理，认真履行承包合同。在施工过程中，要将所编制的施工计划、技术措施及组织管理情况报项目建设单位。湖北省除定期对建设项目进行抽检、巡检外，还采取“飞检”方式随时监控工程建设质量，发现问题及时通报整改。此外，湖北还充分发挥纪检、监察、审计、媒体等部门的重要作用，形成了自上而下的资金督察、工程稽查、审计检查、纪检监察四位一体的省、市、县三级监督体系。在资金管理上，严格实行国库集中支付和县级财政报账制，确保工程建设质量和资金使用安全。⑤项目建设单位组织验收，质量监督机构对工程质量提出评价意见。验收工作根据工程级别，由不同级别的主管部门负责验收，具体操作原则为：国家重点水利建设项目由国家计委会同水利部主持验收；部属重点水利建设项目由水利部主持验收。部属其他水利建设项目由流域机构主持验收，水利部进行指导；中央参与投资的地方重点水利建设项目由省（自治区、直辖市）政府会同水利部或流域机构主持验收；地方水利建设项目由地方水利主管部门主持验收，其中，大型建设项目验收，水利部或流域机构派员参加，重要中型建设项目验收，流域机构派员参加。工程竣工验收交付使用后，方可进行竣工决算。竣工验收后，工程将交给相关部门、单位进行使用，并负责日后的运营管理。四川省剑阁县坚持“两验一审”，即工程完工后，由乡镇组织用水户协会进行初验，县水务局、财政局组织复验，县审计局审计后兑现工程补助。坚持“三大制度”，即：县级报账制、村民监督制、部门审核制。

为了配合纪检监察、审计等有关部门做好水利稽查审计，水利系统内部建立了省、市、县三级水利工程建设监督检查与考核联动机制，落实水利项目建设中主管部门、项目法人、设计单位、施工企业、监理等各方面的责任，形成一级抓一级、层层落实的工作格局。切实加强前期工作、投资计划、建设施工、质量安全等全过程监管，及时发现和纠正问题。加大对各地水利建设尤其是重点项目的监督检查，及时通报，督促各地进一步规范项目建设管理行为，确保资金安全、人员安全、质量安全。通过日常自查、接受检查、配合督察、验收核查等不同环节不断发现建设管理中的问题，对所有问题及时进行认真清理，建立整改工作台账；针对问题程度不同，采取现场督办整改、书面通知整改、通报政府整改等方式加强督办；为防止整改走过场，将每一个问题的责任主体、责任人、整改措施、整改到位时间全部落实。

为保证水利建设工作的顺利进行，在制度保障方面应积极出台相关建设管理办法，制定相应建设管理标准，使水利工程建设从立项审批、工程建设、资金管理、年度项目竣工验收等都有规可依、依规办事。组织保障方面，加强与各级部门沟通协调。与相关单位互相配合支持、各负其责、形成合力，确保各项水利建设工作健康发展。对水利建设组织领导、资金筹措、工程管理、矛盾协调、任务完成等情况进行严格的督察考核和评比，以此稳步推进农村水利建设工作的开展，确保取得实效。例如，湖北省制定下发了《关于加快农村小型水利建设的意见》（鄂政发〔2010〕50 号）、《大型灌区建设管理手册》《大型泵站更新改造建设管理手册》《大型灌区设计变更管理办法》等规范性文件，从制度上保障了水利建设的实施。江苏省泰州市成立了农村水利工程建设与管理指挥部，专职负责农村水利的建设与管理工作，同时，各乡镇、园区及相关部门也成立相应的组织领导机构，每年召开冬春水利现场推进会，在冬春水利建设期间运用各类媒体平台广泛宣传农村水利的相关政策、工程规划及实施动态，营造大干水利的氛围，从组织上形成了良好的保障条件。

（3）水利工程运行（运营）管理

水利工程管理体制改革的实质是理顺管理体制，建立良性管理运行机制，实现对水利工程的有效管理，使水利工程更好地担负起维护公众利益、为社会提供基本公共服务的责任。

第一，建立职能清晰、权责明确的水利工程分级管理体制。准确界定水管单位性质，合理划分其公益性职能及经营性职能。承担公益性工程管理的水管单位，其管理职责要清晰、切实到位；同时要纳入公共财政支付，保证经费渠道畅通。

第二，建立管理科学、经营规范的水管单位运行机制。加大水管单位内部改革力度，建立精干高效的管理模式。核定管养经费，实行管养分离，定岗定编，竞聘上岗，逐步建立管理科学，运行规范，与市场经济相适应，符合水利行业特点和发展规律的新型管理体制和运行机制。更好地保障公益性水利工程长期安全可靠地运行。

第三，建立严格的工程检查、观测工作制度。各水管单位应制定详细的工程检查与观测制度，并随时根据上级要求结合单位实际修订完善。工程检查工作，可分为经常检查、定期检查、特别检查和安全鉴定。

第四，推进水利工程运行管理规范化、科学化。要实现水利工程管理现代化，水利工程管理就必须实现规范化和科学化。如，水库工程须制定调度方案、调度规程和调度制度，调度原则及调度权限应清晰；每年制订水利调度运用计划并经主管部门批准；建立对执行计划进行年度总结的工作制度。水闸、泵站制定控制运用计划或调度方案；应按水闸（泵站）控制运用计划或上级主管部门的指令组织实施；按照泵站操作规程运行。河道（网、闸、站）工程管理机构制定供水计划；防洪、排涝实现联网调度。通过科学调度实现工程应有效益，是水利工程管理的一项重要内容。要把汛期调度与全年调度相结合，区域调度与流域调度相结合，洪水调度与资源调度相结合，水量调度与水质调度相结合，使调度在更长的时间、更大的空间、更多的要素、更高的目标上拓展，实现洪水资源化，实现对洪水、水资源和生态的有效调控，充分发挥工程应有作用和效益，确保防洪安全、供水安全、生态安全。

第五，立足国家互联网+战略，推进水利工程管理信息化。依托国家互联网+战略，加强水利工程管理信息化基础设施建设，包括信息采集与工程监控、通信与网络、数据库存储与服务等基础设施建设，全面提高水利工程管理工作的科技含量和管理水平。建立大型水利枢纽信息自动采集体系。采集要素覆盖实时雨水情、工情、旱情等，其信息的要素类型、时效性应满足防汛抗旱管理、水资源管理、水利工程运行管理、水土保持监测管理的实际需要。建立水利工程监控系统，以提升水利工程运行管理的现代化水平，充分发挥水利工程的作用。建立信息通信与网络设施体系。在信息化重点工程的推动下，建立和完善信息通信与网络设施体系。建立信息存储与服务体系。提供信息服务的数据库，信息内容应覆盖实时雨水情、历史水文数据、水利工程基本信息、社会经济数据、水利空间数据、水资源数据、水利工程管理有关法规、规章和技术标准数据、水政监察执法管理基本信息等方面。水利工程管理信息化建设中，应注意：建立比较完善的信息化标准体系；提高信息资源采集、存储和整合的能力；提高应用信息化手段向公众提供服务的水平；大力推进信息资源的利用与共享；加强信息系统运行维护管理，定期检查，实时维护；建立、健全水利工程管理信息化的运行维护保障机制。在病险水库除险加固和堤防工程整治时，要将工程管理信息化纳入建设内容，列入工程概算。对于新的基建项目，要根据工程的性质和规模，确定信息化建设的任务和方案，做到同时设计，同期实施，同步运行。

第六，树立现代的水利工程管理理念。一是树立以人为本的意识。优质的工程建设和良好运行管理的根本目的是为了广大人民群众的切身利益，为人民提供可靠的防洪保障和供水保障。要尽最大努力保护生产者的人身安全，保护工程服务范围内人民群众的切身利益，保证江河资源开发利用不会损害流域内的社会公共利益。二是树立公共安全的意识。水利工程公益性功能突出，与社会公共安全密切相关。要把切实保障人民群众生命安全作为首要目标，重点解决关系人民群众切身利益的工程建设质量和工程运行安全问题。三是树立公平公正的意识。公平公正是和谐社会的基本要求，也是水利工程建设管理的基本要求。在市场监管、招标投标、稽查检查、行政执法等方面，要坚持公平公正的原则，保证水利建筑市场规范有序。四是树立环境保护的意识。人与自然和谐相处是构建和谐社会的重要内容，要高度重视水利建设与运行中的生态和环境问题，水利工程管理工作要高度关注经济效益、社会效益、生态效益的协调发挥。

（4）水利工程维修养护管理

第一，建立市场化、专业化和社会化的水利工程维修养护体系。水管体制改革，实施管养分离后，建立健全相关的规章制度，制定适合维修养护实际的管理办法，用制度和办法约束、规范维修养护行为，严格资金的使用与管理，实现维修养护工作的规范化管理。要规范建设各方的职责、规范维修养护项目合同管理、规范维修养护项目实施、规范维修养护项目验收和结算手续、建立质量管理体系和完善质量管理措施。

第二，在水管单位的具体改革中，稳步推进水利工程管养分离，具体可分 3 步走：第 1 步，在水管单位内部实行管理与维修养护人员以及经费分离，工程维修养护业务从所属单位剥离出来，维修养护人员的工资逐步过渡到按维修养护工作量和定额标准计算；第 2 步，将维修养护部门与水管单位分离，但仍以承担原单位的养护任务为主；第 3 步，将工程维修养护业务从水管单位剥离出来，通过招标方式择优确定维修养护企业，水利工程维修养护走上社会化、规范化、标准化和专业化的道路。对管理运行人员全部落实岗位责任制，实行目标管理。

第三，推行工程维修养护规范化管理。水管体制改革，实施管养分离后，建立健全相关的规章制度，制定适合维修养护实际的管理办法，用制度和办法约束、规范维修养护行为，严格资金的使用与管理，实现维修养护工作的规范化管理。要规范建设各方的职责、规范维修养护项目合同管理、规范维修养护项目实施、规范维修养护项目验收和结算手续、建立质量管理体系和完善质量管理措施。

第四，建立、健全并不断完善各项管理规章制度。基层水管单位应建立、健全并不断完善各项管理规章制度，包括人事劳动制度、学习培训制度、岗位责任制度、请示报告制度、检查报告制度、事故处理报告制度、工作总结制度、工作大事记制度、安全管理制度、档案管理制度等，使工程管理有章可循、有规可依。管理处应按照档案主管部门的要求建有综合档案室，设施配套齐全，管理制度完备，档案分文书、工程技术、财务等三部分，由经档案部门专业培训合格的专职档案员负责档案的收集、整编、使用服务等综合管理工作。档案资料收集齐全，翔实可靠，分类清楚，排列有序，有严格的存档、查阅、保密等相关管理制度，通过档案规范化管理验收。同时，抓好各项管理制度的落实工作，真正做到有章可循，规范有序。

5.6.2 从用途分的水利工程管理体系

（1）防洪安全工程

首先，河道管理工作是防洪安全工程管理的重要内容，也是水利社会管理的重要内容，事关防洪安全和经济可持续发展大局。当前，河道管理相对薄弱，涉河资源无序开发，河道范围内违规建设，侵占河道行洪空间、水域、滩涂、岸线，这些都严重影响了行洪安全，危及人民生命财产安全。要按照《水利工程管理条例》《湖泊保护条例》《河道管理实施办法》等法规，在加强水利枢纽工程管理的同时，着重加强河道治理、整治工作，依法加强对河道湖泊、水域、岸线及管理范围内的资源管理。

其次，建立遥测与视频图像监视系统。对河道工程，建立遥测与视频图像监视系统。可实时“遥视”河道、水库的水位、雨势、风势及水利工程的运行情况，网络化采集、传输、处理水情数据及现场视频图像，为防汛决策及时提供信息支撑。有条件时，建立移动水利通信系统。对大中型水库工程，建立大坝安全监测系统。用于大坝安全因子的自动观测、采集和分析计算，并对大坝异常状态进行报警。

最后，建立洪水预报模型和防洪调度自动化系统。该系统对各测站的水位、流量、雨量等洪水要素实行自动采集、处理并进行分析计算，按照给定的模型做出洪水预报和防洪调度方案。

（2）农田水利工程

首先，充分发挥各类管理主体的积极作用。在现行制度安排下，农户本应该成为农田水利设施供给的主体，但单户农民难以承担高额的农田水利工程建设投入，这就需要有效的组织。但家庭联产承包责任制降低了农民的组织化程度，农田水利建设的公共品性质与土地承包经营的个体存在矛盾，农户对农田水利建设缺乏凝聚力和主动性。因此，就造成了农田水利建设主体事实上的缺位。需要各级政府、各方力量通力合作，采取综合措施，遵循经济规律，分类型明确管理主体，切实负起建设管理责任。地方政府是经济社会的领导者和管理者，掌握着巨大的政治资源和财政资金，有农村基础设施建设的领导权、决策权、审批权和各种权力，在农田水利工程建设中应担当四种角色：①制度供给者。建立和完善农村公共产品市场化和社会化的规则，建立起公共财政体制框架，解决其中的财政“越位”和“缺位”问题。②主要投资者角色。应该发挥政府公共产品供给上的优势和主导作用。③多元供给主体的服务者与多元化供给方式的引入角色。鼓励和推动企业和社会组织积极参与农村公共产品的供给，营建政府与企业、社会组织的合作伙伴关系。④监督者角色。建立标准并进行检查和监督以及构建投诉或对话参与渠道等，建立公共产品市场准入制度，实现公共产品供给的社会化监督。农田水利建设属于公共品，地方政府在农田水利建设中应承担主导作用。因此在农田水利建设管理中，各级政府要转变角色，由从前的直接用行政手段组织农民搞农田水利的传统方式，转变到重点抓权属管理、规划管理、宣传发动、资金扶持等，从单纯的行政命令转变到行政、法律、科技、民主、教育相结合，由过去的组织推动转变为政策引导、典型示范、优质服务。

面对农村经济社会结构正在发生的深刻变化，要充分发挥农民专业合作社、家庭农场、用水协会等新型主体在小型农田水利建设中的作用，推动农民用水合作组织进行小型农田水利工程自主建设管理。按照“依法建制，以制治村，民主管理，民主监督”的原则，组建农民用水合作组织法人实体，推进土地连片整合，成片开发，规模化建设农田水利工程，突破一家一户小块土地对农田水利建设的制约，通过农田水利建设将县、乡、村、农户的利益捆绑起来，可以用好用活“一事一议”，充分尊重群众意愿，充分发挥农民的主体作用和发挥农民对小型农田水利建设的积极性。

其次，提高农田水利工程规划立项的科学性。以科学的态度和先进的理念指导工作，要做到科学规划、科学决策，把农田水利建设规划作为国民经济发展总体规划的组成部分，结合农业产业化、农村城镇化和农业结构调整，统筹考虑农田水利建设，使之具有较强的宏观指导性和现实操作性。农田水利建设项目的规划设计要具有前瞻性，着眼新农村建设，以促进城乡一体化和现代农业建设为突破口，体现社会、自然、人文发展新貌，既要尊重客观规律，又要从实际出发。从整体、长远角度对农田水利工程进行统一规划，大中小水利工程统筹考虑，水库塘坝、水窖等相互补充，建设旱能灌、涝能排，有水存得住、没雨用得上的农田水利工程体系，重点加强对农民直接受益的中小型农田水利的建设，支持灌溉、储水、排水等农田水利设施的改、扩、新建项目，做到主支衔接，引水、蓄水、灌溉并重，大小水利并进。

要因地制宜，建立村申请、乡申报、县审批的立项程序，进行科学论证和理性预测，综合分析农田水利工程项目建设的可行性和必要性，择优选择能拉动农村经济发展、放大财政政策效应的可持续发展项目，建立县级财政农田水利建设项目库，实行项目立项公告制和意见征询制，把农民最关心、受益最大、迫切需要建设的惠民工程纳入建设范畴，形成完备的项目立项体系，解决项目申报重复无序的问题。积极推广“竞争立项，招标建设，以奖代补”的建设模式，将竞争机制引入小型农田水利工程建设，让群众全过程参与，群众积极性高，项目合理优先支持，推行定工程质量标准、定工程补助标准，将政府补助资金直接补助到工程的“两定一补”制度。

（3）取供用水工程

首先，建立水利枢纽及闸站自动化监控系统。建立水利枢纽及闸站自动化监控系统，对全枢纽的机电设备、泵站机组、水闸船闸启闭机、水文数据及水工建筑物进行实时监测、数据采集、控制和管理。运行操作人员通过计算机网络实时监视水利工程的运行状况，包括闸站上下游水位、闸门开度、泵站开启状况、闸站电机工作状态、监控设备的工作状态等信息。并且可依靠遥控命令信号控制闸站闸门的启闭。为确保遥控系统安全可靠，采用光纤信道，光纤网络将所有监测数据传输到控制中心的服务器上，通过相应系统对各种运行数据进行统计和分析，对工程调度提供及时准确的实时信息支撑。

其次，建立供水调度自动化系统。该系统对供水工程设施（水库蓄泄建筑物、引水枢纽、抽水泵站等）和水源进行自动测量、计算和调节、控制，一般设有监控中心站和端站。监控中心站可以观测远方和各个端站的闸门开启状况、上下游水位，并可按照计划自动调节控制闸门启闭和开度。

第 6 章　我国水利工程管理发展战略的保障措施和政策

水利是国民经济和社会发展的重要基础设施，具有很强的公益性，且投资规模大、建设周期长、盈利能力弱，长期以来，我国水利建设及管理主要以政府投资为主，社会资本参与程度较低，现阶段不足水利总投资的 20%。

近年来，为了加快水利改革发展，拓宽水利投融资渠道，促进经济持续健康发展，国家不断完善水利相关的法律法规及部门规章制度，在投资方面也出台了一些吸引社会资本参与水利建设的政策措施。2010 年，国务院颁布《关于鼓励和引导民间投资健康发展的若干意见》，明确提出吸引民间资本投资建设农田水利、跨流域调水、水资源综合利用、水土保持等水利项目。2012 年，水利部印发了鼓励和引导民间资本参与农田水利和水土保持工程建设两个实施细则。但这些政策文件原则性表述较多，特别是投资补助、财政贴息、价格机制等配套政策还不够细化，在实际操作中难以使社会资本有明确的收益预期，社会资本进入水利领域的意愿总体不强。

针对这个现状，我国准备对具备一定条件的重大水利工程，通过深化改革的方式向社会投资敞开大门，建立权利平等，机会平等，规则平等的投资环境和合理的投资收益机制。参与方式主要有以下三种：

（1）通过选择一批现有水利工程通过股权出让、委托运营、整合改制等方式吸引社会资本参与，筹得的资金用于新工程建设；

（2）对新建项目，建立健全政府和社会资本合作（PPP）机制；

（3）对公益性较强的水利工程建设项目，可通过与经营性较强的项目组合开发等方式，吸引社会资本参与。

6.1 我国水利工程管理发展战略的支撑条件和保障措施

水利工程是国民经济和社会发展的重要基础设施，国家对水利工程管理发展的重视促进了水利工程事业的发展。因而为了我国水利工程管理战略的发展，国家应该开放政策，对于具备一定条件的重大水利工程，通过深化改革向社会投资敞开大门，建立权利平等、机会平等、规则平等的投资环境和合理的投资收益机制，放开增量，盘活存量，加强试点示范，鼓励和引导社会资本参与工程建设和运营，有利于优化投资结构，建立健全水利投入资金多渠道筹措机制；有利于引入市场竞争机制，提高水利管理效率和服务水平；有利于转变政府职能，促进政府与市场有机结合、两手发力；有利于加快完善水安全保障体系，支撑经济社会可持续发展，从而为促进我国建立一套完备的水利工程管理发展战略措施提供支撑条件和保障措施。

国家应从以下几个方面为我国水利工程管理的发展提供支撑条件和保障措施：

一是改进组织发动方式。进一步落实行政首长负责制，强化部门协作联动，完善绩效考核和问责问效机制，充分发挥政府主导和推动作用。

二是拓展资金投入渠道。在进一步增加公共财政投资和强化规划统筹整合的同时，落实和完善土地出让收益计提、民办公助、以奖代补、财政贴息、开发性金融支持等政策措施，鼓励和吸引社会资本投入水利建设。

三是创新建设管护模式。因地制宜推行水利工程代建制、设计施工总承包等专业化、社会化建设管理，扶持和引导农户、农民用水合作组织、新型农业经营主体等参与农田水利建设、运营与管理。

四是强化监督检查考核。加强对各地的督导、稽查、审计，及时发现问题并督促整改落实，确保工程安全、资金安全、生产安全、干部安全。

五是加大宣传引导力度。充分利用广播、电视、报纸、网络等传统媒体和新媒体，大力宣传党中央、国务院兴水惠民政策举措，总结、推广基层经验，营造良好舆论氛围。

6.2 我国水利工程管理发展战略的相关政策

党的十八届三中全会以来，党中央、国务院对深化投资体制改革、鼓励社会资本发展做出新的部署，对吸引社会资本参与水利建设提出了新的要求。2014 年 3 月，习近平总书记在中央财经领导小组第五次会议上就保障水安全发表重要讲话，提出“节水优先、空间均衡、系统治理、两手发力”的新时期水利工作方针，特别强调保障水安全要坚持政府作用和市场机制两只手协同发力。5 月，李克强总理主持召开国务院第 48 次常务会议，研究部署加快推进节水供水重大水利工程建设，提出要建立政府和市场有机结合的机制，鼓励和吸引社会资本参与工程建设和管理。11 月，国务院印发了《关于创新重点领域投融资机制鼓励社会投资的指导意见》，选择生态环保、农业水利、市政、交通、能源、信息、社会事业等领域，重点就吸引社会资本特别是民间资本参与，提出了一系列改革措施。

按照党中央、国务院的部署和要求，2015 年 3 月，国家发展改革委、财政部和水利部制定印发了《关于鼓励和引导社会资本参与重大水利工程建设运营的实施意见》（以下简称《意见》）。《意见》的印发实施，对于建立公平开放透明的市场规则，营造权利平等、机会平等、规则平等的投资环境，激发市场主体活力和潜力，建立健全水利投入资金多渠道筹措机制，加快重大水利工程建设，提高水利管理效率和服务水平，加快完善水安全保障体系，支撑经济社会可持续发展具有重要意义。

《意见》一是敞开大门鼓励社会资本进入。《意见》明确提出，除法律、法规、规章特殊规定的情形外，重大水利工程建设运营一律向社会资本开放。只要是社会资本，包括符合条件的各类国有企业、民营企业、外商投资企业、混合所有制企业，以及其他投资、经营主体愿意投入的重大水利工程，原则上应优先考虑由社会资本参与建设和运营。

二是明确社会资本参与方式。《意见》提出，要放开增量、盘活存量，盘活现有重大水利工程国有资产，筹得的资金用于新工程建设；对新建项目，要建立健全政府和社会资本合作（PPP）机制，鼓励社会资本以特许经营、参股控股等多种形式参与重大水利工程建设运营。其中，综合水利枢纽、大城市供排水管网的建设经营需按规定由中方控股。

三是推动完善价格形成机制。《意见》提出，完善主要由市场决定价格的机制，对社会资本参与的重大水利工程供水、发电等产品价格，探索实行由项目投资经营主体与用户协商定价。鼓励通过招标、电力直接交易等市场竞争方式确定发电价格。

四是发挥政府投资的引导带动作用。《意见》明确，对同类项目，中央水利投资优先支持引入社会资本的项目。公益性部分政府投入形成的资产归政府所有，同时可按规定不参与生产经营收益分配。鼓励发展支持重大水利工程的投资基金。

五是完善项目财政补贴管理。对承担一定公益性任务、项目收入不能覆盖成本和收益，但社会效益较好的政府和社会资本合作（PPP）重大水利项目，政府可对工程维修养护和管护经费等给予适当补贴。

六是明确投资经营主体的权利义务。《意见》提出，社会资本投资建设或运营管理重大水利工程，与政府投资项目享有同等政策待遇，不另设附加条件。项目投资经营主体应严格执行基本建设程序，建立健全质量安全管理体系和工程维修养护机制，按照协议约定的期限、数量、质量和标准提供产品或服务，依法承担防洪、抗旱、水资源节约保护等责任和义务，服从国家防汛抗旱、水资源统一调度，保障工程功能发挥和安全运行。

6.2.1 明确参与范围和方式

（1）拓宽社会资本进入领域。除法律、法规、规章特殊规定的情形外，重大水利工程建设运营一律向社会资本开放。只要是社会资本，包括符合条件的各类国有企业、民营企业、外商投资企业、混合所有制企业，以及其他投资、经营主体愿意投入的重大水利工程，原则上应优先考虑由社会资本参与建设和运营。鼓励统筹城乡供水，实行水源工程、供水排水、污水处理、中水回用等一体化建设运营。

（2）合理确定项目参与方式。盘活现有重大水利工程国有资产，选择一批工程通过股权出让、委托运营、整合改制等方式，吸引社会资本参与，筹得的资金用于新工程建设。对新建项目，要建立健全政府和社会资本合作（PPP）机制，鼓励社会资本以特许经营、参股控股等多种形式参与重大水利工程建设运营。其中，综合水利枢纽、大城市供排水管网的建设经营需按规定由中方控股。对公益性较强、没有直接收益的河湖堤防整治等水利工程建设项目，可通过与经营性较强项目组合开发、按流域统一规划实施等方式，吸引社会资本参与。

（3）规范项目建设程序。重大水利工程按照国家基本建设程序组织建设。要及时向社会发布鼓励社会资本参与的项目公告和项目信息，按照公开、公平、公正的原则通过招标等方式择优选择投资方，确定投资经营主体，由其组织编制前期工作文件，报有关部门审查审批后实施。实行核准制的项目，按程序编制核准项目申请报告；实行审批制的项目，按程序编制审批项目建议书、可行性研究报告、初步设计，根据需要可适当合并简化审批环节。

（4）签订投资运营协议。社会资本参与重大水利工程建设运营，县级以上人民政府或其授权的有关部门应与投资经营主体通过签订合同等形式，对工程建设运营中的资产产权关系、责权利关系、建设运营标准和监管要求、收入和回报、合同解除、违约处理、争议解决等内容予以明确。政府和投资者应对项目可能产生的政策风险、商业风险、环境风险、法律风险等进行充分论证，完善合同设计，健全纠纷解决和风险防范机制。

6.2.2 完善优惠和扶持政策

（1）保障社会资本合法权益。社会资本投资建设或运营管理重大水利工程，与政府投资项目享有同等政策待遇，不另设附加条件。社会资本投资建设或运营管理的重大水利工程，可按协议约定依法转让、转租、抵押其相关权益；征收、征用或占用的，要按照国家有关规定或约定给予补偿或者赔偿。

（2）充分发挥政府投资的引导带动作用。重大水利工程建设投入，原则上按功能、效益进行合理分摊和筹措，并按规定安排政府投资。对同类项目，中央水利投资优先支持引入社会资本的项目。政府投资安排使用方式和额度，应根据不同项目情况、社会资本投资合理回报率等因素综合确定。公益性部分政府投入形成的资产归政府所有，同时可按规定不参与生产经营收益分配。鼓励发展支持重大水利工程的投资基金，政府可以通过认购基金份额、直接注资等方式予以支持。

（3）完善项目财政补贴管理。对承担一定公益性任务、项目收入不能覆盖成本和收益，但社会效益较好的政府和社会资本合作（PPP）重大水利项目，政府可对工程维修养护和管护经费等给予适当补贴。财政补贴的规模和方式要以项目运营绩效评价结果为依据，综合考虑产品或服务价格、建设成本、运营费用、实际收益率、财政中长期承受能力等因素合理确定、动态调整，并以适当方式向社会公示公开。

（4）完善价格形成机制。完善主要由市场决定价格的机制，对社会资本参与的重大水利工程供水、发电等产品价格，探索实行由项目投资经营主体与用户协商定价。鼓励通过招标、电力直接交易等市场竞争方式确定发电价格。需要由政府制定价格的，既要考虑社会资本的合理回报，又要考虑用户承受能力、社会公众利益等因素；价格调整不到位时，地方政府可根据实际情况安排财政性资金，对运营单位进行合理补偿。

（5）发挥政策性金融作用。加大重大水利工程信贷支持力度，完善贴息政策。允许水利建设贷款以项目自身收益、借款人其他经营性收入等作为还款来源，允许以水利、水电等资产作为合法抵押担保物，探索以水利项目收益相关的权利作为担保财产的可行性。积极拓展保险服务功能，探索形成“信贷 + 保险”合作模式，完善水利信贷风险分担机制以及融资担保体系。进一步研究制定支持从事水利工程建设项目的企业直接融资、债券融资的政策措施，鼓励符合条件的上述企业通过 IPO（首次公开发行股票并上市）、增发、企业债券、项目收益债券、公司债券、中期票据等多种方式筹措资金。

（6）推进水权制度改革。开展水权确权登记试点，培育和规范水权交易市场，积极探索多种形式的水权交易流转方式，鼓励开展地区间、用水户间的水权交易，允许各地通过水权交易满足新增合理用水需求，通过水权制度改革吸引社会资本参与水资源开发利用和节约保护。依法取得取水权的单位或个人通过调整产品和产业结构、改革工艺、节水等措施节约水资源的，可在取水许可有效期和取水限额内，经原审批机关批准后，依法有偿转让其节约的水资源。在保障灌溉面积、灌溉保证率和农民利益的前提下，建立健全工农业用水水权转让机制。

（7）实行税收优惠。社会资本参与的重大水利工程，符合《公共基础设施项目企业所得税优惠目录》《环境保护、节能节水项目企业所得税优惠目录》规定条件的，自项目取得第一笔生产经营收入所属纳税年度起，第一年至第三年免征企业所得税，第四年至第六年减半征收企业所得税。

（8）落实建设用地指标。国家和各省（自治区、直辖市）土地利用年度计划要适度向重大水利工程建设倾斜，予以优先保障和安排。项目库区（淹没区）等不改变用地性质的用地，可不占用地计划指标，但要落实耕地占补平衡。重大水利工程建设的征地补偿、耕地占补平衡实行与铁路等国家重大基础设施建设项目同等政策。

6.2.3 落实投资经营主体责任

（1）完善法人治理结构。项目投资经营主体应依法完善企业法人治理结构，健全和规范企业运行管理、产品和服务质量控制、财务、用工等管理制度，不断提高企业经营管理和服务水平。改革完善项目国有资产管理和授权经营体制，以管资本为主加强国有资产监管，保障国有资产公益性、战略性功能的实现。

（2）认真履行投资经营权利义务。项目投资经营主体应严格执行基本建设程序，落实项目法人责任制、招标投标制、建设监理制和合同管理制，对项目的质量、安全、进度和投资管理负总责。已通过招标方式选定的特许经营项目投资人依法能够自行建设、生产或者提供的，可以不进行招标。要建立健全质量安全管理体系和工程维修养护机制，按照协议约定的期限、数量、质量和标准提供产品或服务，依法承担防洪、抗旱、水资源节约保护等责任和义务，服从国家防汛抗旱、水资源统一调度。要严格执行工程建设运行管理的有关规章制度、技术标准，加强日常检查检修和维修养护，保障工程功能发挥和安全运行。

6.2.4 加强政府服务和监管

（1）加强信息公开。发展改革、财政、水利等部门要及时向社会公开发布水利规划、行业政策、技术标准、建设项目等信息，保障社会资本投资主体及时享有相关信息。加强项目前期论证、征地移民、建设管理等方面的协调和指导，为工程建设和运营创造良好条件。积极培育和发展为社会投资提供咨询、技术、管理和市场信息等服务的市场中介组织。

（2）加快项目审核审批。深化行政审批制度改革，建立健全重大水利项目审批部际协调机制，优化审核审批流程，创新审核审批方式，开辟绿色通道，加快审核审批进度。地方也要建立相应的协调机制和绿色通道。对于法律、法规没有明确规定作为项目审批前置条件的行政审批事项，一律放在审批后、开工前完成。

（3）强化实施监管。水行政主管部门应依法加强对工程建设运营及相关活动的监督管理，维护公平竞争秩序，建立健全水利建设市场信用体系，强化质量、安全监督，依法开展检查、验收和责任追究，确保工程质量、安全和公益性效益的发挥。发展改革、财政、城乡规划、土地、环境等主管部门也要按职责依法加强投资、规划、用地、环保等监管。落实大中型水利水电工程移民安置工作责任，由移民区和移民安置区县级以上地方人民政府负责移民安置规划的组织实施。

（4）落实应急预案。政府有关部门应加强对项目投资经营主体应对自然灾害等突发事件的指导，监督投资经营主体完善和落实各类应急预案。在发生危及或可能危及公共利益、公共安全等紧急情况时，政府可采取应急管制措施。

（5）完善退出机制。政府有关部门应建立健全社会资本退出机制，在严格清产核资、落实项目资产处理和建设与运行后续方案的情况下，允许社会资本退出，妥善做好项目移交接管，确保水利工程的顺利实施和持续安全运行，维护社会资本的合法权益，保证公共利益不受侵害。

（6）加强后评价和绩效评价。开展社会资本参与重大水利工程项目后评价和绩效评价，建立健全评价体系和方式方法，根据评价结果，依据合同约定对价格或补贴等进行调整，提高政府投资决策水平和投资效益，激励社会资本通过管理、技术创新提高公共服务质量和水平。

（7）加强风险管理。各级财政部门要做好财政承受能力论证，根据本地区财力状况、债务负担水平等合理确定财政补贴、政府付费等财政支出规模，项目全生命周期内的财政支出总额应控制在本级政府财政支出的一定比例内，减少政府不必要的财政负担。各省级发展改革委要将符合条件的水利项目纳入 PPP 项目库，及时跟踪调度、梳理汇总项目实施进展，并按月报送情况。各省级财政部门要建立 PPP 项目名录管理制度和财政补贴支出统计监测制度，对不符合条件的项目，各级财政部门不得纳入名录，不得安排各类形式的财政补贴等财政支出。

6.2.5 做好组织实施

（1）加强组织领导。各地要结合本地区实际情况，抓紧制订鼓励和引导社会资本参与重大水利工程建设运营的具体实施办法和配套政策措施。发展改革、财政、水利等部门要按照各自职责分工，认真做好落实工作。

（2）开展试点示范。国家发展改革委、财政部、水利部选择一批项目作为国家层面联系的试点，加强跟踪指导，及时总结经验，推动完善相关政策，发挥示范带动作用，争取尽快探索形成可复制、可推广的经验。各省（区、市）和新疆生产建设兵团也要因地制宜选择一批项目开展试点。

（3）搞好宣传引导。各地要大力宣传吸引社会资本参与重大水利工程建设的政策、方案和措施，宣传社会资本在促进水利发展，特别是在重大水利工程建设运营方面的积极作用，让社会资本了解参与方式、运营方式、盈利模式、投资回报等相关政策，稳定市场预期，为社会资本参与工程建设运营营造良好社会环境和舆论氛围。

6.3 完善我国水利工程管理体系的措施

我国在水利专业工程体系改革中做出有效努力，加大改革和创新力度，并取得巨大的成就，初步实现了工程管理的制度化、规范化、科学化、法治化，初步建立了现代的治水理念、先进的科学技术、完善的基础设施、科学的管理制度，确保了水利工程设施完好，保证水利工程实现各项功能，长期安全运行，持续并充分发挥效益。由于开展水利工程建设属于一个循序渐进的过程，并且和现实的生活状态也息息相关，所以，我们要把涉及建立水利工程机制的一系列工作都做好，以解决水利工程所面临的问题。

6.3.1 强化水利工程管理意识

水利工程管理水平的提升，需要有效的转变工程管理人员的观念，强化现代的水利工程管理意识。从传统的水利管理淡薄，转变为重视水利工程管理工作。要从思想入手从根本上解决问题，切实提高认识，改变“重建设轻管理”的观念，把工程工作的重心转移到工程管理上来，从而促进工程管理的发展。要树立可持续发展的水利工程管理，保证水资源的可持续发展，从而实现经济和社会的可持续发展的新思路。很大一部分水利工程管理人员在思想上还将水利工程认为是单纯性的公益事业和福利事业，对水利工程是国民经济的基础设施和基础产业的事实缺乏认识度，所以需要加快观念上的改变；而且在观念上还存在着无偿供水的想法，这就需要树立水是商品的观念，通过计收水费，实现以水养水，自我维持；对水利事业的认识存在片面性，觉得只是为农业服务，对水利工程服务于国民经济和社会全面发展，可以依靠水利工程来进行多种经营的开展的认识不足；在水利工程管理工作中，存在着等、靠、要的观念，安于现状，不求改变，缺乏赢利观念，所以需要加快思想观念的转变，在水利工程管理工作中，管理者应该有效益管理的观念，在保证经济效益的同时要实现环境、社会和生态效益。在加强对水利资源保护的基础上，注意对水利资源进行合理开发和优化配置。要树立以人为本，服务人们的意识。水利工程建设及管理是为了人民群众的切实利益，保证人民群众的财产安全，提供安全可靠的防洪以及供水保障，并且水利管理者应该具备全面服务人民群众的思想，重视生态环境问题，实现人与自然和谐相处，最终实现水利工程经济、环境和社会效益的协调发展。

6.3.2 强化水利工程管理体系的创新策略

在科技和产业革命的推动下，水利工程也由传统向现代全方位多层次的发生变化。水利工程建设行业自身是资本和技术密集型行业，科技和产业的创新始终贯穿于行业发展的全过程。强化水利工程管理体系创新策略不仅要求在水利工程建设过程中的科技和行业创新，而且还要求在管理方式中，要树立创新意识，始终将先进的、创新的管理理念贯穿在管理的全过程中。既要求科技和行业的创新推动管理的创新，又要管理主动创新推动行业创新。

6.3.3 强化水利工程的标准化、精细化目标管理

认真贯彻落实水利部《水利工程管理考核办法》，通过对水管单位全面系统地考核，促进管理法规与技术标准的贯彻落实，强化安全管理、运行管理、经营管理和组织管理，并初步提高规范化管理的水平。水利工程管理体系的基本目标就是在保证水利设施完好无损的条件下，保证水利工程可以长期安全的作业，确保长期实现水利工程的效益。结合水利管理的情况，为了推进水利管理进程，实现水利管理的具体目标可以从以下方面做起：改革和健全水利工程管理，实现工程管理模式的创新，努力完善与市场经济要求相适应、符合水利工程管理特征以及发展规律的水利工程标准及其考核办法。

6.3.4 强化公共服务、社会管理职能

水利工程肩负着我国涉水公共服务和社会管理的职能。在水利工程管理过程中，要强化公共服务和社会管理的责任，特别是要进一步加强河湖工程与资源管理，以及工程管理范围内的涉水事务管理，维护河湖水系的引排调蓄能力，充分发挥河湖水系的水安全、水资源、水环境功能，并为水生态修复创造条件。

6.3.5 强化高素质人才队伍的培养

水管单位普遍存在技术人员偏少，学历层次偏低，技术力量薄弱、队伍整体素质不高等问题，难以适应工程管理现代化的需要。随着水

利事业的发展和科学技术的进步，水利工程管理队伍结构不合理、管理水平不高问题更为突出。迫切需要打造一支高素质、结构合理、适应工程管理现代化要求的水利工程管理队伍。制定人才培养规划；制定人才培养机制及科技创新激励机制；加大培训力度，大力培养和引进既掌握技术又懂管理的复合型人才；采取多种形式，培养一批能够掌握信息系统开发技术、精通信息系统管理、熟悉水利工程专业知识的多层次、高素质的信息化建设人才。

参考文献

[1] 陈　萌.《中国水利报》，2015 年 3 月 31 日。

[2] 发改农经〔2015〕488 号，《关于鼓励和引导社会资本参与重大水利工程建设运营的实施意见》。

[3] 梅孝威.《水利水电工程管理》。

[4] 中华人民共和国水利部，《2013 年全国水利发展公报》。

[5] 中华人民共和国水利部，《全国水情教育规划 2015—2020》，

[6] 沈合军.《水利工程管理体制模式的改革路径探析》，《经济管理》

[7] 李松林.《实现水利工程现代化管理的途径探析》。

[8] 高玉琴，方国华，韩春晖，王　弘.《水利工程管理现代化内涵、目标及内容分析》，三峡大学学报（自然科学版）。

[9] 臧茹芬.《水利工程管理现代化内涵、目标及内容分析》，《现代商贸工业》，2015 年，第 4 期。

[10] 陶邦军.《水利工程建设管理模式探讨》，《安徽农学通报》，2012（18）。

[11] 陈志鼎，郭　琦.《水利工程项目代建制建设管理模式探讨》，《人民长江》，第 37 卷，第 6 期。

[12] 唐荣桂，张友明.《浅析水利工程管理现代化发展目标》，《水利发展研究》，2010 年，第 5 期。

[13] 矫　勇.《全国水利建设与管理工作报告》，2015 年 5 月 15 日在全国水利建设与管理工作座谈会上的讲话。